Ⓢ新潮新書

宇沢弘文

UZAWA Hirofumi

人間の経済

713

新潮社

人間の経済……目次

序　社会的共通資本と人間の心

一　「自由」と「利益」の暴走

二　経済学と医療をめぐって

三　教育とリベラリズム

私の父は、宇沢弘文という経済学者でした。

人々がゆたかに暮らせる社会のために、経済学という学問は何ができるかを考え続けた人生でした。数理経済学を基礎に理論を構築し、水俣病、成田空港、地球温暖化などの様々な社会問題を通じ、分野が違う人々にも理解を得られるようにひたすら進んできました。

こうした人生を歩んだのは、山陰地方の米子出身であったことが影響をおよぼしていることは間違いありません。三歳の時に家族とともに上京しましたが、古事記の時代からの歴史、文化を持ちながら、経済的にも政治的にも苦しい時代のあった山陰の出身であることに誇りを持っていました。学生時代に鳥取県日野郡の曹洞宗の永福寺に疎開しており、その際のご住職との交流と豊かな自然が、父の思想の基礎となっているような気がします。

一九四五年四月、終戦直前に旧制一高に入学します。全寮制という密度の濃い空間で多くの友人に恵まれました。そして、学者としても優れた教授達、学問のみならず、人生の偉大なる先達として尊敬できる人々に囲まれて有意義な時を過ごしていました。東京大学理学部数学科に進学後、特別研究生として数学を学んでいましたが、河上肇の『貧乏物語』に触発され、戦後の混乱期に数学のような貴族的な学問に従事している場合ではないと考えて経済学に転向します。

その時に書いた分権的経済計画に関する論文が、来日していたヘンドリック・ハウタッカーの紹介で、一九七二年に、史上最年少の五十一歳でノーベル経済学賞を受賞することになるケネス・アローの手に渡りました。それがきっかけで一九五六年にスタンフォード大学の彼のもとで研究助手となりました。

そして、数理経済学の分野で頭角を現します。新古典派の成長理論を数学的に定式化し、二部門成長理論など数々の業績を上げ、三十六歳の若さでシカゴ大学教授に就任しました。

シカゴでは学者としても教育者としても充実した生活を送っていました。学生を集めてセミナーをするようにと予算をもらい、全米の大学に優秀な学生を探しに行きました。そこで出会ったのが、当時マサチューセッツ工科大学の大学院生であった、ジョセフ・スティグリッツとジョージ・アカロフでした。二人は二〇〇一年に情報の非対称性を伴った市場分析でノーベル経済学賞を受賞します。朝から晩まで一緒に過ごし、学問のみならず人生についても語り合ったそうです。のちにコロンビア大学の教授となったスティグリッツは、「同じようなセミナーを再現しようとしたができなかった、数学ができる学生はいても経済学の知識はなく、その逆もしかりで、あのようにどちらも出来る人々が集まれたのは奇跡だった」と言っていました。その充実した時間を過ごすため、ボストンからシカゴまでみんなでワクワクしながらドライブしたことを、昨日のことのように話してくれました。

しかし、シカゴ大学は、ベトナム戦争の奔流に巻き込まれていきます。早い時期から、シカゴ大学は反戦運動が活発でした。当時のアメリカは徴兵制で、成績の悪い者、反戦運動に携わった者から兵隊にとるという政策がとられていました。成績をつけないという調停案を父たち若い学者が提出、紆余曲折を経て、大学と学生双方に受け入れてもらうことができましたが、いたるところに傷を残しました。ケンブリッジ大学で一年過ごしたのちシカゴに戻ると、多くの仲間が姿を消していました。その後もエスカレートしていくベトナム戦争の影響からシカゴを去り、日本に帰ることを決意します。

一九六八年に東京に帰ってきましたので、日本の高度経済成長期のほとんどをアメリカで過ごしました。経済統計を見ながら感じていた日本経済の発展と、帰国して実際に見た日本の姿には大きな乖離がありました。目の前にあったのは、開発の名のもとに破壊される自然であり、狭く歩道もない道路やそこを行き来する自動車に追いやられる子どもたちであり、水俣病を始めとする公害病に苦しむ一般市民だったのです。特に、胎児性水俣病の患者さんと接したことの衝撃は人生観を変えました。

高度経済成長のためには一般市民は犠牲になっても構わないというのが主流な考え方であったところに、一九七一年一月四日の日本経済新聞に「混迷する近代経済学の課題」と題する一文を寄稿します。そしてその視点に立って、自動車の社会的費用の計測を試みたのが、一九七四年に岩波新書として出版された『自動車の社会的費用』でした。渡米直後は一週に一本論文をアローに持って行ったぐらい、筆の速い父でしたが、この本を上梓するまでには大きな苦悩と葛藤がありました。「書けないいんだよ。どうしても書けないいんだ」と心情を吐露することもありました。日本に帰国してから受けた衝撃を受け止め、それまで自分が取り組んできた学問の中でどのような方向に行くべきなのか考えをまとめるために時間も必要だったのでしょう。

それだけに、『自動車の社会的費用』がベストセラーになり、出版した年に毎日出版文化賞を授与された時は本当に嬉しそうでした。後年、ある政府の研究会で、某自動車メーカーの社長さんとご一緒した際に、向こうから挨拶に来られ、「このような視点の論考があることを知り、早くからそれに対応することができて非常に助かった」というようなことを言われ、批判的な言葉を覚悟していたが安堵したという話もしていました。

その後も成田空港の問題などに関わりながら、社会的共通資本という概念を深めていきました。二〇〇〇年に『社会的共通資本』（岩波新書）を、二〇〇五年に『*Economic Analysis of Social Common Capital*』（Cambridge University Press）を上梓します。自然資本は社会的共通資本の中でも重要な三大要素の一つです。そこで、地球温暖化の問題に取り組むことになります。一九九五年に小学生にもわかるようにと書かれたのが『地球温暖化を考える』（岩波新書）です。二〇〇三年に『*Economic Theory and Global Warming*』（Cambridge University Press）を専門家向けに出版します。そんなに難しい数学は使っていないとは言っていましたが、私にとってはかなり高度な数学を使い、比例型炭素税の導入に言及しています。温室効果ガス排出量に対し一律に税を課すシステムでは、これから発展していく国々には大きな負担となります。国民所得や熱帯雨林の保有率など様々な要因を組み込んで比例型炭素税は成り立っています。かなりうまくできているんだ、と楽しそうに説明してくれたことを覚えています。

前出の『*Economic Analysis of Social Common Capital*』を脱稿した際に、これが自分の仕事の集大成だ、やり残したことはない、非常に満足しているとも言っていました。ですが、その後、まだまだやりたいことが多く出てきたようです。最後に使っていたパソコンの中には同時代史の目次が残っていましたし、医療関係の資料には数多くの附箋が貼られていました。「もういつでも書き出せるんだけれど」と言っておりました。二〇一一年三月十一日の東日本大震災の十日後に倒れたのですが、震災のためのフォルダーも作られていました。

そこに何を書きたかったのか、今となっては知るよしもありません。ですが、父の根底にあったものは変わらなかったと思います。講演、インタビューを主にまとめたこの本から、父が未来に伝えたかったことを推察することができるのではないかと考えています。スティグリッツは「ヒロの話は三十年後ぐらいにわかる」と言っていました。『自動車の社会的費用』は最近、中国語と韓国語に翻訳されました。まだまだこれから伝わっていくことも多いと思っています。

講演やインタビューがまとまった形で出版されるのは初めてです。聴衆やインタビュアーの反応を見ながら、そして手元にあったに違いない大好きだった魔法の水と共に広がっていく父の世界観を楽しんでいただければ幸いです。

倒れる少し前まで、新潮新書の阿部正孝さんと父が出版に向けて打ち合わせを繰り返していた企画でした。父が倒れてからもお手元で温めていただいており、多くの方々の協力で出版にたどり着きました。本当にありがとうございました。

最後になりましたが、この本をお手に取っていただいた皆様にもお礼を申し上げます。お読みいただいたことが、ゆたかな社会の実現への一助になると信じております。

宇沢国際学館　占部まり

二〇一七年一月

序　社会的共通資本と人間の心

昭和天皇のお言葉

人間は心があってはじめて存在するし、心があるからこそ社会が動いていきます。ところが経済学においては、人間の心というものは考えてはいけない、とされてきました。マルクス経済学にしても人間は労働者と資本家という具合に階級的にとらえるだけで、一人ひとりに心がある、とは考えません。また新古典派経済学においても、人間は計算だけをする存在であって、同じように心を持たないものとしてとらえている。経済現象のあいだにある経済の鉄則、その運動法則を考えるとき、そこに人間の心の問題を持ちこむことは、いわばタブーだったわけです。

次のようなことを記憶しています。一九八三年、私が文化功労者に選ばれたときのことでした。顕彰式が終わったあと、宮中で昭和天皇がお茶をくださることになり、じつはそれまで私は天皇制に批判的な考えをもっていたので、違和感を抱えたまま席にのぞみました。

昭和天皇を囲んで一人ひとりが、それぞれ自分が何をしてきたかを話し、ときおり天皇がそれにお答えになります。昭和天皇は思いのほか親しみのある気さくな話しぶりでしたが、私は自分の順番がきたときにはすっかりあがってしまい、ケインズのここがおかしいだの、新古典派の理論がどうだとか、社会的共通資本とは何か、などと懸命にしゃべりたてました。しかし、われながら支離滅裂なのがわかって混乱していたところ、昭和天皇が話をさえぎって、こうおっしゃったのです。

「君！　君は経済、経済というが、つまり人間の心が大事だと、そういいたいのだね」

心の中をピタリといいあてられたようで、私自身、ハッとしたものでした。

それから四半世紀にわたって社会的共通資本の考え方、人間の心を大事にする経済学の研究をすすめてこられたのは、あのときの昭和天皇のお言葉に勇気づけられたからでもありました。

「レールム・ノヴァルム」

もう一つ、私の人生のなかで最も感動的な思い出をふりかえります。
今から二十年ほど前、私はローマ法王ヨハネ・パウロ二世にヴァチカンへ呼ばれて、ある歴史的な文書の作成を手伝いました。文書というのはEncyclicalsです。Encyclicalsは、歴代のローマ法王が在任中に一度は出される重要な公式文書のことで、その時どきの世界の状況に関してローマ教会の公的な考え方をまとめたものです。世界中のビショップに配布されるこの分厚いドキュメントは、日本では「回勅」「同文通達」などと訳されます。
そのなかで歴史的に最も有名な回勅が、一八九一年五月にレオ十三世によって出された「レールム・ノヴァルム」で、経済学の考え方に大きな影響を与えました。レールム・ノヴァルムとはラテン語で「新しいこと」、カトリックの方では「革命」と訳されることもありますが、それにはこういう印象的な副題が付いていました。Abuses of Capitalism and Illusions of Socialism（資本主義の弊害と社会主義の幻想）です。

この背景には、産業革命以降のイギリスの工業都市で、資本家が徹底的に労働者階級を搾取し、一般大衆が非常に悲惨な状況に追いやられていたことがありました。

レオ十三世は、新しい工業都市で、子どもたちの生活があまりにも悲惨なことを深く心配されていた。しかし、多くの人が社会主義になれば救われると主張しているのは単なる幻想にすぎず、社会主義になればもっと悲惨な現実が待っていて、人間の存在、魂の自立すら維持できないということを主張されたのです。つまり、階級的対立や競争によってではなく、人類が互いに協力し助け合うことで困難な時代を乗り越えていくべきである、というのが回勅の主旨でした。

そのあとを受けて、ヨーロッパでは協調と友愛を基調とする新しいタイプの労働組合運動が起こり、それと同時に協同組合運動が大きく発展しました。しかし二十世紀に入ると、一九一七年のロシア革命によって、十五の共和国と世界の陸地面積の六分の一、三億人の人口から成るソビエト連邦が成立しました。その支配は、ポーランド、東ドイツ、チェコスロバキア、ルーマニアなどの東欧諸国に及び、一時期は世界の人口の三分の一までが社会主義体制に組みこまれます。

ポーランド出身のヨハネ・パウロ二世は、ローマ法王としてヴァチカンに行くまで、過酷な社会主義体制下にある人びとの魂を守ることに、心を尽くしてこられた方です。そしてレオ十三世の回勅からちょうど百年目、新しい「レールム・ノヴァルム」を作成することになり、私はヨハネ・パウロ二世から、そのアドバイザーになってほしいというお手紙をいただいたのです。

私は躊躇することなく「社会主義の弊害と資本主義の幻想」こそ、新しい「レールム・ノヴァルム」の主題にふさわしいと返事をさし上げました。私のような部外者が回勅の作成に関わること自体前例がなかったようですが、ヨハネ・パウロ二世によって一九九一年五月に出された新しい「レールム・ノヴァルム」のタイトルは、Abuses of Socialism and Illusions of Capitalism（社会主義の弊害と資本主義の幻想）というものでした。

当時は東西ドイツを隔てたベルリンの壁は崩壊したものの、まだソ連共産主義が生きていて、東欧諸国に破滅的な影響を与えていました。「社会主義の弊害」とは、スターリンが何百万という ソ連の人々を殺し、ソ連全体を収容所列島のようにしながら、同時に東欧の国々に対しても非常に過酷な支配をする、そのことを指していました。

その一方で「資本主義の幻想」とは、その頃、西側諸国で勢いを増していた市場原理主義を中心とした運動が、やがてはある意味で社会主義の弊害に匹敵するような大きなダメージを人々に与えるにちがいない、という危惧だったのです。

「新しいレールム・ノヴァルム」が経済学者に提起したのは、それぞれの国が置かれている歴史的、社会的、文化的、自然的、経済的諸条件をじゅうぶん考慮して、すべての国民が人間的尊厳と市民的自由を守ることができるような制度をどうやってつくればいいのか、という問題でした。

そしてこの年に八月革命が起こり、十二月にかけてソ連帝国の解体という世界史的な事件に発展します。二〇〇五年にヨハネ・パウロ二世が亡くなられたとき、ゴルバチョフ元ソ連書記長は葬儀に異例の弔文を送り、そのなかでヨハネ・パウロ二世の「新しいレールム・ノヴァルム」が、新しいヨーロッパをつくるために非常に大きな役割を果たしたということを述べ、その業績を称えました。

医療や教育、自然環境が大事な社会的共通資本であることはもちろんですが、もう一つ、つけ加えるなら、平和こそが大事な社会的共通資本なのです。

ヨハネ・パウロ二世は、生涯、アメリカが広島と長崎に原子爆弾を落としたことは人類が犯した最大の罪である、として厳しく批判されました。そのためにヨハネ・パウロ二世はアメリカでは評判が悪かったのですが、ローマ法王になられたばかりの一九八一年に来日されて広島と長崎を訪れた際、小石川の後楽園で盛大な野外ミサを執りおこない、流暢な日本語でこういう話をされています。

「平和は人類にとって、いちばん大事な共通の財産である。特に日本の平和憲法は、平和を守る非常に重要な役割を果たす社会的な資産である」

社会的共通資本、という言葉こそ使われませんでしたが、平和を守ることの意味を非常に大切なことと強調されたのです。ヨハネ・パウロ二世は全世界のこれまでまったく対立していた宗教の責任者の方々を回って歩き、そして歴史的な和解を実現されました。聖なる存在を神として敬う、そういう気持ちが宗教の原点にあるのだから、対象とする神は違ったとしても、神をもって自分たちが平和を守っていくという気持ちで結びつきたい、と考えておられたのです。

話はちょっと脱線しますが、私には一つ欠点があって、それは酒を飲み過ぎることです。あるとき、ヨハネ・パウロ二世のお部屋でご馳走にあずかりました。ローマ法王庁のラベルが貼られたワインを美しい修道女が注いでくれ、ご馳走を前にした私はすっかりいい気分になってしまいました。その際、ヨハネ・パウロ二世が「教育や医療はどのようなルールで維持したらよいのか」とお聞きになりました。

私は「教育も医療も、それぞれの職業的専門家が職業的な discipline（規範）にもとづいて、そして社会のすべての人たちが幸福になれることを願って、職業的な営為に従事することだ」と申し上げ、さらに「今、世界は人々の魂が荒れ、心が殺伐としている。あなたは人間の魂、心を守るという聖なる職業をされているのに黙っている。あなたはもっとはっきり主張しないといけない」と一席ぶってしまったのです。するとヨハネ・パウロ二世はニコニコしながら「この部屋（ローマ法王の部屋）で私に説教したのは、あなたがはじめてだ」といわれました。

そのあとヨハネ・パウロ二世から、新しく作られた「レールム・ノヴァルム」のゴスペルを、自分の代理人として全世界に広めてほしいという旨の手紙をいただきました。Gospel というのは普通、ローマ教会の正式な考え方を集約したものですから、キリスト教徒でもない私にとっては荷が重過ぎる、と申し上げてお断りしたのですが、後になって手紙の「gospel」の頭文字が小文字だったことに気がつきました。大文字のゴスペルはローマ教会の公的な考え方を強調したもので、小文字のゴスペルは単なる信条みたいなものですから、かなり意味合いが違うのです。しかし、それからまもなくヨハネ・パウロ二世は他界されてしまい、失礼な返事をしてしまったことが悔やまれます。

そして残念ながらそのあと、必ずしもヨハネ・パウロ二世が期待されたようなかたちでの、新しい世界秩序は生まれていません。それでも、資本主義と社会主義という二つの体制概念が、歴史的な役割を終えて変質あるいは崩壊する過程で、ローマ法王の重要な仕事を手伝うことができたのは、経済学者としてたいへん名誉なことでした。

一　「自由」と「利益」の暴走

パックス・アメリカーナ

二〇〇八年九月のリーマン・ショック以降の経済の混迷は、約八十年前の昭和大恐慌になぞらえて、平成大恐慌と呼ぶべきものです。しかし、今回のほうが事態はより深刻です。なぜなら、この問題は単なる景気の良し悪しでも、巷間いわれるような「百年に一度」でもなく、もっと長い歴史のスパンで考えなくてはならないからです。

歴史を振り返ると、古くは紀元前後のパックス・ロマーナ（ローマの力による、ローマのための平和の時代）があり、近代においては十九世紀初頭にはじまったイギリスの海軍力を背景としたパックス・ブリタニカ、そして二十世紀後半の約半世紀にわたって世界を二分したパックス・アメリカーナとパックス・ソヴィエトロシア、すなわち資本主義と社会主義の概念を対立軸とした時代がありました。

そして今、私たちはパックス・アメリカーナという大きな時代の、終わりの始まりにいるのだと思います。第二次大戦の終わりとともにはじまったパックス・アメリカーナとはどういうものだったのか、世界大恐慌の当時にさかのぼって考えてみます。

第一次大戦後の世界経済は全体としては調子が良く、とりわけアメリカはRoaring Twenties（咆哮の二〇年代）と形容されるたいへんな好景気を迎えていました。しかし、一九二〇年代の半ばぐらいから、経済活動に投機的な動きが目立つようになります。

その象徴的な例が、フロリダの別荘用土地をめぐる一件です。別荘用の土地は値段も安く、そこにいくまでの電車賃の方が高いぐらいだったのですが、不動産屋の店頭で土地を買い込んでおくとどんどん値が上がるというので、たいへんなブームになった。ところがあるとき新聞が現地を取材してみると、別荘地と称する土地は満潮時には水没してしまうような、およそ売り物にならないものだったことが分かり、不動産としての価値はあっという間に暴落してしまいました。

大恐慌から五十年目に日本経済新聞が特集を組んだとき、そのなかにポール・サミュエルソンのエッセイがあって、USスティールの職工だった父親が全財産をはたいてフロリダの別荘地を買ったものの、一晩で価値がゼロになった思い出が書かれていました。この件では別荘地への投資によって数百万人が被害をこうむったといわれますが、それでも、全体の氷山の一角にすぎなかったのです。

日本でも一九八〇年代後半にあちこちで見られたように、当時のアメリカでは、一次産品、金、美術品など、あらゆるものが投機の対象になっていきました。やがてそれが過熱しすぎた一九二九年十月、ニューヨーク株式市場で株価が続けざまに大暴落、その影響は企業収益、国民所得、雇用など実体経済にも及んでいきました。

金融システムが崩壊し、不況が深刻化するなか、フーヴァー大統領は税金を使って失業対策に向けるという趣旨で、一九三二年、平和時においては最大規模の増税をおこないました。それから超富裕者を対象とする大減税を実施し、政府の財政支出を減らして、できるだけ銀行の投機的業務を自由にするなど、今では信じられないような政策を次々に断行したのです。

これは、当時支配的だった新古典派経済学の考え方に忠実にしたがったわけですが、一九三三年までの四年間で約一万件の金融機関が倒産、国民所得は半分に落ち込み、失業率は二五パーセント、農村を除くと三七・五パーセントにのぼり、経済的破産者が続出して自殺率が急増するなど、アメリカにとって南北戦争以来の惨事となりました。

そのさなか、ニューディール政策を掲げて発足したルーズヴェルト政権の最初の閣議で、カミングス司法長官は次のように宣言しました。

「現在、アメリカが置かれている状況は、資本主義という制度がアメリカという国家に対して挑戦し、戦争行為をおこなっているのだ。そのような意味で、アメリカはいま戦争状態にある。したがって、政府は対敵取引法（Trading with the Enemy Act）を適用すべきである――」

対敵取引法というのは、議会の協議とその同意を経なくても、大統領令によって自在に政策を発動することができます。いうなれば一種の戒厳令みたいなもので、戦後も一度、一九七〇年代の日米繊維摩擦に際してニクソン大統領が発動し、それ以降の日本にとって大きな圧力となりました。

ルーズヴェルト政権が第一弾として打ち出したのは、一九三三年銀行法（グラス＝スティーガル法）です。つまり、大恐慌をもたらしたのは利益を上げることに血眼《ちまなこ》になった銀行の投機的行動であり、銀行業務と証券業務とを完全に切り離すことで、互いに節度ある金融業務をおこなうようにするのが目的でした。

そしてもう一つの重大な政策が、ＴＶＡ（Tennessee Valley Authority＝テネシー川流域開発公社）でした。南部七州にわたる広大なテネシー川流域を政府資金で大々的に開発し、利益は追求しなかった。具体的にいうと、大規模なダムを建設して発電所をつくり、道路、鉄道などインフラストラクチャーを整備して産業をおこし、それによってたくさんの人員を雇用したのです。

もともと金融機関、道路や鉄道も、社会を円滑に機能させるための大事な社会的共通資本にふくまれます。社会的共通資本は経済活動だけではなく、社会全体を安定的に運営するためのものですから、それがある程度まで成功しかけていたところで、ふたたび大戦に突入してしまった。それが八十年前の世界大恐慌の帰結でした。

東西冷戦の立役者

一九四五年八月、日本の無条件降伏とともに始まったパックス・アメリカーナ、すなわちアメリカの力による、アメリカのための平和を象徴する人物がダグラス・マッカーサーです。マッカーサーの日本の占領政策は非常に苛酷なもので、公職追放によって、意のままにならない政治家や官僚を徹底的に排除しました。

話はそれより少しさかのぼります。マッカーサーは大恐慌真っ只中の一九三二年五月から六月にかけて、アメリカで起きた「ボーナス・アーミー事件」を弾圧した当事者でした。この事件では、第一次世界大戦に従軍した帰還兵に支給される千ドルばかりのボーナスが支払われないというので、何万人もの失業者がワシントンDCのポトマック河畔にテントを張り、数週間にわたって大規模なデモをおこないました。

これに対してフーヴァー大統領は軍隊を投入し、司令官のマッカーサーは「デモは共産主義者が煽動している」と根拠もなく断じて、徹底的に失業者を弾圧しました。幼児まで殺されたという記録も残っているほどで、全米各地で反発が起きたため大統領は中止を指示しましたが、マッカーサーは「私は忙しくて、こんなばかなものを読む時間はない」と二度にわたって命令書を破り捨てたといいます。

事情はどうあれ、世間からみれば大弾圧は大統領の命令ですから、これによってフーヴァーの政治生命は終わりを告げました。一九五一年、朝鮮戦争の際にマッカーサーが大統領命令を無視して鴨緑江を越えて国連軍を進めようとしたとき、即座にトルーマンが解任にふみきったのは、この事件が下敷きになっていたのです。

アメリカ人にとって、マッカーサーのイメージは長らく残酷な失業者弾圧の姿でした。しかし、トルーマン大統領に解任されて本国に戻ったとき、マッカーサーは上院軍事外交合同委員会の公聴会で次のように証言します。

「日本の憲法に第九条を入れさせたのは私だ。それは幣原喜重郎が自分のところへ来て、こういったからだ。『軍人であるあなたにはいいづらいが、日本がこれから世界で生き延びていくためには、絶対に軍隊を持ってはならない。だから、憲法の中に日本は軍隊を持たないということを明示的に入れたい』。私はそれに感動して、幣原に、いろいろ困難をともなうかもしれないが入れるように、とアドバイスした」

この証言によって、アメリカ人のマッカーサーのイメージは百八十度変わりました。日本の平和憲法をつくった最大の功労者ということで、マッカーサーを大統領候補にしようという運動まで起こります。しかし、マッカーサーは選挙事務所のスタッフと事ごとに言い争い、とうとうスタッフ全員がやめてしまったそうです。

デヴィッド・ハルバースタムは、パックス・アメリカーナが成立する過程でマッカーサーが果たした役割を丹念に調べ、『*The Coldest Winter: America and the Korean War*』(二〇〇七年、邦訳は文藝春秋)という本を書いています。マッカーサーの生い立ちまでさかのぼり、ボーナス・アーミー事件、日本の占領政策、朝鮮戦争での独断など彼が共産主義者に対して抱き続けた考え方が、東西冷戦の大きな要因となったことが描かれています。ハルバースタムは元ニューヨークタイムズの記者で、ヴェトナム戦争でアメリカが何をしているかを最前線からレポートし、アメリカの世論形成に大きな役割を果たしましたが、この本の原稿を書いた後、奇妙な交通事故で亡くなりました。

もう一つ、これもニューヨークタイムズ記者のティム・ワイナーが書いた『*Legacy of Ashes: The History of the CIA*』(同前)という本があります。ワイナーは、東西冷戦下で暗躍したＣＩＡの六十年間におよぶ記録をひもとくなかで、第二次大戦後の一九四八年から四年間にわたってアメリカがおこなった百三十億ドルもの対外援助計画、マーシャル・プランについて重大な事実を明らかにしています。

マーシャル・プランについては、以前は私も戦勝国による復興計画として評価していましたが、この本によると、アメリカが投下する資金の五パーセントが相手国通貨（ローカル・カレンシー）で積み立てられ、ＣＩＡへ振り向けられていたそうです。そのエッセンスは、世界の政治指導者がアメリカの利益のために動くよう、ＣＩＡが金で買収することが秘められた目的だったというのです。

世界中のほとんどの国でこの策略は失敗しましたが、それでも投下されたお金が成功をおさめた国が二つあって、ギリシャ、そして日本です。戦犯処刑を恐れた軍の将校がＧＨＱへ提供した資料にもとづいて、日本で買収の対象に選ばれたのは児玉誉士夫と岸信介元首相で、ともにＡ級戦犯として巣鴨プリズンに勾留されていました。しかし、東条英機ら七人が絞首刑となった直後に釈放され、その後、ＣＩＡから得た資金援助によって戦後政治を左右することになったといいます。

モンペルラン・ソサエティ

第二次大戦の終わりを目前に控えた一九四五年七月、スイスの避暑地モンペルランで二人の経済学者が偶然、一緒になりました。フォン・ハイエクとフランク・ナイトです。二人は「今度の大戦で、社会が破壊され、人間が破壊され、ヨーロッパの文明が破壊された。その一番の原因は、ナチズムと（当時、東欧で広がりつつあった）共産主義である」として、ヨーロッパの文明を守るために新たな運動を起こそうと相談をします。

そして二年後、立ち上げられた学者たちの集まりが「モンペルラン・ソサエティ」で、その基本的な考え方は新自由主義と呼ばれます。新自由主義というのは、企業の自由が最大限に保障されているときに、はじめて人間の能力も最大限に発揮できる、そのためにすべての生産要素と資源を私有化し、市場を通じて取引することで社会全体として望ましい状態が実現できると考えます。言い換えれば、人間の能力、大気や水でさえ、新たなマーケットを通じて取引することが可能になるということです。

新自由主義の出発点を作ったハイエクとナイトをはじめとする経済学者、政治家、言論人たちによる運動は、その後、ミルトン・フリードマンをリーダーとする市場原理主義の大きな渦に巻き込まれていきます。

市場原理主義（Market Fundamentalism）は、新自由主義（Neoliberalism）にふくめて表現されることもありますが、ハイエクとナイトが考えたネオリベラリズムと、フリードマンの市場原理主義にははっきりした区別がある。ネオリベラリズムをどう評価するかについて様ざまな議論があるにしても、一つの重要な考え方であり、私たちも理解できる思想です。しかし、市場原理主義は新自由主義からどんどん踏み込んでいって、市場で利益をあげるためならば法も制度も変えられる、要するに儲けるためならば何をしてもいい、挙句にそれを阻止するものがあれば水爆を落としてもいい、というまともな人間の理解の度をはるかに超えたところまでいってしまいます。

二〇〇五年、オックスフォード大学のエコノミック・ジオグラフィー（経済地理）教授だったデヴィッド・ハーヴェイが刊行した『*A Brief History of Neoliberalism*』は、歴史、政治、思想など様ざまな観点から、ネオリベラリズムがどういう役割を果たしたのか、広い視野からバランスよく描写しています。全体を通して文章も素晴らしく、一つ一つ心のこもった叙述がなされている。経済地理というとアペンディクス（付加的）な領域と思われるかもしれませんが、かつて世界中に植民地を持ったイギリスでは、その植民地について歴史、文化、経済、社会などあらゆる面から分析し、大英帝国の基本的な政策理念をつくることを学問的な領域としてやってきました。ですから経済地理の教授は、オックスフォードやケンブリッジで最高のポストとされています。

私には、ハーヴェイのような大きなスケールでネオリベラリズムを語ることはとてもできません。しかし、市場原理主義がどういうもので、いかなる役割を果したかについては、自分自身の体験をふまえた意見があります。そして実は、社会的共通資本という考え方は、もともと市場原理主義への批判、あるいはオルタナティブ（代案）というのが出発点だったのです。

ミルトン・フリードマン

ミルトン・フリードマンは半ば狂信的といってもいいぐらい、市場原理主義のゴスペル（信条）を普及させるために先導者の役割を果たしました。

一九六四年、私がシカゴ大学に着任した当時のことです。民主党のジョンソン、共和党のゴールドウォーターの両者が、アメリカ大統領選を争っていました。アメリカ史上最悪といわれたこの大統領選で、ゴールドウォーターはヴェトナム戦争を終結させるために水爆を使うべきだと訴え、アメリカ議会だけでなく、全世界から非難の嵐に見舞われました。フリードマンはそんなゴールドウォーターを擁護して、自由主義を守るためにヴェトナムに水爆を投下し、何百万人だろうが徹底的に排除すべきだといいました。"One communist is too many!"（共産主義者なんぞ、一人でも多すぎる！）という彼の非人間的な言葉はあまりに有名です。

フリードマンには核物理学者のエドワード・テラーという親友がいて、テラーの師匠オッペンハイマーはマンハッタン計画の研究統括者でした。一九四五年、ロスアラモスで原爆開発に成功したことが、ポツダムでチャーチルやスターリンと会談中だったトルーマン大統領に伝えられ、直ちに日本への原爆投下が指示された。しかし、いざ原爆が広島と長崎に投下されると、オッペンハイマーはあまりの破壊力と被害の甚大さにたいへんなショックを受け、このまま核兵器開発がエスカレートしていけば、いつか人類も地球をも滅ぼしてしまうと考え、水爆反対運動に転じました。

しかしテラーは、一九五四年に開かれた公聴会でオッペンハイマーのロイヤルティ（愛国心）を疑問視する証言をくりかえし、オッペンハイマーはすべての公職から追放されます。最近になってようやく、テラー証言には根拠がなかったことが証明されましたが、あの過激なマッカーシズムの時代、オッペンハイマーばかりか弟の物理学者までが大学を追われ、娘さんは職を得ることさえできず自殺に追い込まれたのです。

水爆開発を推し進めたテラーは「共産主義から自由を守るために水爆を使うべきだ」と主張し、フリードマンはそれに全面的に賛同しつづけました。私自身、フリードマンとはシカゴ大学では同僚でしたが、彼の発言にはずいぶん迷惑しました。もともと彼は教授たちの集まりでも同じことを主張し、私たちは口をはさめずにいたのです。しかしある日、難しい顔で黙っていたフランク・ナイト先生がついにこう言いました。

「ミルトン・フリードマンとジョージ・スティグラーの二人は、私のもとで勉強して論文を書いた。しかし、最近の言動は目に余るものがある。今後、彼らが私のところで学び、論文を書いたと言うことをいっさい禁じる」

つまり、破門です。ナイト先生はかねてから「アメリカが広島と長崎に原爆を投下したのは、人類が犯した最大の罪である」と強く主張され、広島の原爆で両親を失くした女の子を養女として育てていました。怒ると手が付けられない一面はありましたが、倫理的に厳しく、常にヒューマニスティックな視点を忘れない経済学者として、同僚や学生たちから深く尊敬されていました。

選択する自由

フリードマンは、儲けのチャンスをできるだけ多くするために、あらゆる面での民営化の断行、ニューディール政策の撤廃を唱えました。銀行と証券業務の壁の撤廃に執念を燃やしつづけ、大統領選でもTVA（前述）の民営化を主張していました。

もともとTVAはアンシャン・レジーム（旧体制）の人たちから何度か訴訟の対象にされ、連邦最高裁判決で、民間がやるべきものを政府がやるのは違憲とされていた。しかしTVAは一九四三年に組織を変え、形式上は民間、実質的に連邦地方政府の指針のもとで、憲法違反にならない形で公的資金による地域開発をつづけていたのです。

ある日、フリードマンはゴールドウォーターの選挙陣営から帰ってくるなり「ゴールドウォーターは大した男だ。彼に比べたらニクソンなど共産主義者だ」と言って歩いていました。フリードマンのアドバイスで、TVA民営化はゴールドウォーターの選挙公約に入ることになりましたが、南部の人々は、公的な資金で維持されるTVAが安くて安定した電力を供給し、産業の発展、雇用の確保、生活の安定など、社会的インフラストラクチャーとして大きな役割を果たしていることをよくわかっていた。南部諸州での猛烈な反対と批判によって、ゴールドウォーターは大統領選どころか政治生命まで危うくなり、公約を撤回せざるを得なくなりました。

私はある時期、事情があってフリードマンのオフィスを使っていたのですが、その頃、彼を執拗に追いかけるニューヨークタイムズの記者がいました。巧妙なフリードマンは別荘にこもりきりで、会えずじまいだったその記者は、ゴールドウォーターに「あなたが大統領になったら、フリードマン教授を経済顧問にするのか?」と訊いた。すると超保守で知られるゴールドウォーターが"No. Because he is too extreme."(彼は過激すぎる。その意思はない)と答えたことが大きく新聞に載り、ますます肩身が狭い思いをしたものでした。

シカゴ大学事件

この類いのエピソードはいくらでもあって、黒人問題のワークショップでもフリードマンは「黒人問題とはいわゆる経済学的な問題ではない。その貧困の原因はティーンエイジャーの頃に遊ぶか勉強すべきか、その合理的な選択の結果にすぎない」と発言しました。もともと黒人の多いシカゴでは、かなり大胆な発言です。すると一人の大学院生が立ち上がって、フリードマンにこう尋ねました。

「お言葉ですが教授、私に両親を選ぶ自由があったでしょうか？」

人間の境涯については考えないフリードマンは、都合の悪いときは黙ってしまうのが常でしたが、一貫して麻薬の取り締まりに反対していたことで知られます。つまり、麻薬による快楽と、麻薬中毒による苦しみと、どちらかを「選択する自由」を奪ってしまうのはいけない、というのがその理由でした。ここにこそ、市場原理主義の奥深くに根付いた考え方があるのです。

ヴェトナム反戦運動のメッカのようになっていたシカゴ大学で、一九六六年、大きな事件が起こりました。反戦学生が大学の本部棟を占拠して、大学当局に成績をドラフトボード（徴兵委員会）に送らないよう要求したのです。比較的狭い地域単位で置かれたドラフトボードは、成績の悪い学生や反戦運動をしている若者から先に徴兵して、ヴェトナムの前線に送ったりしていた。そのため、十万人近い学生が徴兵を忌避して国外へ逃げていったといわれます。

大学本部が学生に占拠されたことで、キャンパスは騒然となりました。私は若い助教授と一緒に調停にあたることになり、そのとき考えたのが次のような案でした。

「大学当局は一つの事務的な組織であり、教授から成績点が出ればドラフトボードに送らなければならない。しかし成績点が出なければ、送らなくてもすむ。したがってシカゴ大学の教授は全員、学生に成績点をつけないことにする」

時間をかけて交渉した結果、全学集会、つまり団交を開いて決めることになりました。大学当局の代表はエドワード・リーヴィという著名な法学者で、のちにフォード大統領の下で司法長官をつとめています。当時はProvost（大学におけるアカデミックな面での最高責任者）で、教授任命の契約書には必ず彼の署名があった。日本でもアメリカでも、大学というものは、学長などはお飾りでもかまいませんが、学問の責任者はそれなりの人物でないと立ちいかないものです。

私は調停案について説明し、大学当局と占拠学生の双方に受け入れを要請しました。占拠していた学生たちは即時・無条件で調停案を受け入れましたが、リーヴィ教授はしばらく沈黙したあと、重い口を開いて厳しい調子でこういいました。

「学生の成績をつけることは、シカゴ大学教授としての雇用契約の重要な法的拘束力をもつ要件である。あなたは今、それを破ろうとしている」

つまり、お前はクビになる、ということです。私は打ちのめされて、しばらく何も発言できませんでした。生まれたばかりの赤ん坊を含めて三人の小さな子どもと妻のことが目に浮かび、満場水を打ったような静寂を破ってリーヴィ教授が続けました。

「だが、あなたの良心にかけての行動は、教授雇用契約の法的拘束力に優先する」

私はリーヴィ教授の言葉に感動し、大学教授は社会的共通資本としての大学を守るという重い責務を背負っているのだと強く感じました。そのあと全学教授会で調停案は圧倒的多数で承認され、それを受けて学生は本部棟の占拠をやめました。

この間、印象的だったのは、本部棟が占拠されているなかでも、大学職員はそれぞれ場所を見つけて仕事をし、学生たちもまた建物や器具を大事にあつかい、毎日きちんと掃除していたことです。

しかしその一方では、ビジネススクールの学生が組織するCapitalism and Freedom（グループの名前は、フリードマンの著書『資本主義と自由』からとられていた）という集団が、ピケを張る学生たちに棍棒で殴りこみをかけたりしていました。

全学教授会では、こんなことがありました。私が説明を終えて壇を降りたとき、あるビジネススクールの教授が、いかにもチンピラふうに“Are you a commie?”（お前はアカか?）と訊くのです。カッとなった私は売り言葉に買い言葉で“Yes, I am a communist.”（その通り、私は共産主義者だ）と答えたのです。

そのあと私は周りの何人かから「お前はFBIに狙われている」と忠告されました。FBIの調査はまず周りから、つまり私の友人や学生たちから証言を集めていきます。私はその年の夏にケンブリッジ大学に呼ばれていたこともあり、予定を早めていったんアメリカから逃げ出すことになりました。

一年後、私は家族を日本へ〝疎開〟させ、ケンブリッジからシカゴへ戻りました。しかし、哲学の助教授D君はじめ一緒に調停作業をした三人の若い助教授は、いずれも大学から姿を消していました。なかでもD君は反戦運動を扇動したというので、見せしめで懲役十年もの重い刑に服し、家族は塗炭の苦しみを嘗めることになったのです。

D君とは、それからずっと後の一九九三年に再会することができました。哲学教授として医の倫理にかかわる研究に携わっているというので、ちょうど私も社会的共通資本としての医療を研究テーマとしていたことから偶然を喜び合い、二人で共同研究をはじめました。D君は日本に来ると私の家に泊まり、夜遅くまで語り合うのを常としていましたが、あるとき寂しそうにこういったものです。

「ノーム・チョムスキーは偉い。五十四回も逮捕されている。それに比べると私はまだ一回しか逮捕されていない……」

D君は癌ですでに亡くなりましたが、彼との共同研究をベースにした『社会的共通資本としての医療』（宇沢弘文・鴨下重彦編）は、二〇一〇年三月に出版されました。

　ヴェトナム戦争に関してもう一人、忘れがたい友人がいます。シカゴ大学に来る前、私がスタンフォード大学で助教授をしていた頃、ごく近所に住み、家族ぐるみで付き合っていたレオン・フェスティンガーです。フェスティンガーは社会心理学という新しいジャンルを切りひらき、Cognitive Dissonance（認識不和）という、暴動を起こす大衆の心理学的分析を展開した天才的心理学者でした。安部公房の小説に傾倒していて、私も彼を通して、安部公房や大江健三郎をはじめて読んだものでした。

　ケネディが暗殺され、ジョンソン大統領がヴェトナムに全面的に介入しはじめた頃、彼はアメリカ陸軍のチーフ・サイコロジストの職務をかねていました。そのうち彼の理論を使ってヴェトコンを拷問にかけるプログラムが実行に移されたことを知って、フェスティンガーは痛ましいばかりに苦悩します。そして突然、将来を嘱望されるスタープロフェッサーとしての名声、魅力的な奥さんと三人の子ども、数多くの友人たち、すべてを捨てて私たちの視界から消えてしまったのです。

　ヴェトナム戦争が終わって何年もたってから、日本に帰っていた私のところにフェスティンガーから一通の手紙が届きました。彼は自分の研究がヴェトナム戦争に利用された苦しみからスタンフォードを辞め、家族と別れてニュー・スクール・フォー・ソシアル・リサーチ（一一〇頁参照）に入りなおし、専門も心理学から文化人類学にかえて教授をしているということでした。彼もまたすでに亡くなりましたが、ヴェトナム戦争は、関わった人間一人ひとりの心に癒しがたい傷を残しました。

市場原理主義の蔓延

「シカゴ学派」という呼称が示すように、もともとシカゴ大学は経済学研究のメッカでした。アメリカ大恐慌によって新古典派的な経済政策が破綻し、ケインズ的な経済政策の原理が確立していった。それがヴェトナム戦争をきっかけとして崩れてしまい、市場原理主義の台頭をゆるしてしまった。これは私が教え子の一人をＭＩＴに推薦したときの経験ですが「フリードマンのいたシカゴ大学からは、どんな悪い影響を受けているか分からないので教授は採用できない」とまでいわれるようになりました。

結局、フリードマンの唱えた自由主義とはもっぱら企業の自由のことで、儲ける機会をとことんまで追求しよう、ということでした。デヴィッド・ハーヴェイがネオリベラリズムの特徴として指摘したのはその点で、水、土地、空気、自然環境など、市場が存在しないものについては、政府が代行する責務があると強調していました。

フリードマンの市場原理主義はネオリベラリズムより、ずっと過激で、先鋭的です。しかし実のところ、そこには一貫した経済学の考え方というものが見当たりません。フリードマンが発言するのはほとんどがミクロ的な側面についてで、しかもその時どきでちがっている。マクロ的な側面については、たしかな論文も発言もないのです。

たとえばフリードマンらが強調した「合理的期待形成」とは、各人が将来のことを正確に知っていることが前提になります。すべての人が客観的な確率分布を知っていて、その上で自分にとって最良の選択をすることが「選択する自由」だというのですが、それではマーケット自体が成立しません。マーケットというのは、将来のことも、他の人々がどう行動するかも分からないが、マーケットという場において一つの均衡点を見出そうとするものだからです。

それでもフリードマンの市場原理主義は、ヴェトナム戦争によるアメリカの財政赤字と貿易赤字、インフレーションの三重苦、そして固定為替相場制を放棄したニクソン・

ショックを背景として全世界に広がっていきました。

最初に輸出された南米チリでは、サンチャゴ・デ・チレ大学がそのベースとなって、ピノチェトによる武力革命を支えました。一九七三年九月にアジェンデ大統領が虐殺されてからは、シカゴ大学でフリードマンの薫陶を受けた通称シカゴ・ボーイズが中心となって、徹底的に市場原理主義的な改革を推し進めました。銅山を例外として、社会的共通資本をふくめたあらゆるものを民営化して利潤追求の対象にする一方、労働組合を徹底的に弾圧するなど、公的な数字として八千人、実際には十万人以上が犠牲になったといわれます。二〇〇六年の暮れ、ピノチェトの葬儀で孫にあたる陸軍大尉が「フリードマンの思想を導入した歴史的功績」などと発言して免官されましたが、それほど深い傷跡をチリ国民に残しているのです。

リーマン・ショックの本質

私はアメリカやイギリスで長いこと教えたあと、ヴェトナム戦争を契機として日本に帰ってきました。それ以来、日本の経済社会あるいはアメリカの惨憺たる状況を見て、経済学が社会の病を作っているのではないか、何とかして経済学が人間のための学問であるようにと願い、様ざまな努力をしてきました。結局、あまりものにならないようですが、その過程で私は一つ大事なことに気がつきました。

それは、大切なものは決してお金に換えてはいけない、ということです。人間の生涯において大きな悲劇は、大切なものを権力に奪い取られてしまう、あるいは追いつめられてお金に換えなければならなくなることです。

私は公害や成田空港の土地収用の問題などで全国各地を駆けずり回ってきましたが、いずれのケースでも、先祖から伝えられてきたかけがえのない自然、あるいは土地が奪われてしまっていた。成田での国家権力による土地収用がそうであったように、そういうときの農民の苦しみと悩みは、理屈や言語では尽くしがたいものがあるのです。

市場原理主義は、あらゆるものをお金に換えようとします。人間のもっている大切なもの、あるいは社会的共通資本であっても、お金に換えるといくらになるか、ひたすら追求していく。非常に極端なかたちの経済学、いやむしろ似非《えせ》経済学と呼ぶべきかもしれません。

それに盲従した小泉改革の横暴さを象徴していたのが、株式市場で取引してお金をもうけるおもしろさを子どもたちに教えよう、という竹中平蔵が主導するプランでした。二〇〇七年、文部科学省や経済産業省、財務省、金融庁などを巻き込んで、金融経済教育元年なるサミットが立ち上げられました。そのとき基調講演をしたのが福井俊彦日銀総裁（当時）で、要するにこういう内容でした。

「大切なものはお金に換えなさい。お金に換えておけば、価値を保存して、必要なときにまたそれを使うことができる」

こうした考え方にもとづいて、全国の中学や高校に株取引のおもしろさを教えるコースを設けようと呼びかける講演は、ちょうど彼が村上ファンドに投資して巨額のもうけを得たときにおこなわれました。そのことは私自身あるところで、破廉恥きわまりないと書きましたが、彼は当時の小泉首相に頭を下げて、そのまま日銀総裁のポストにしがみついた。そしてゼロ金利政策を長きにわたって続け、今の日本の悲惨な状況を生み出すのに大きな役割を果たしました。

人生最大の目的はもうけること、政府は企業活動をできるかぎり自由にして、もうけのチャンスを多くしよう、それが小泉・竹中の改革の基礎にある考え方でした。今になって市場原理主義は異様な考え方だと思う人は多いでしょうが、フリードマンが世界中にセールスして歩いた市場原理主義は、もともと学問的にも経済学的にもまったく無内容で支離滅裂です。人間の心やそれぞれの境涯への配慮もない、ただもうかるかどうかを機械的に計算する、一種のコンピューターのようなものです。その行き着いた先がサブプライムローンであり、その破綻でした。

経済学を専門としてきた私は、リーマン・ショックにはじまった平成大恐慌と日本社会の破壊の度合いの深刻さを見るにつけ、経済学が非常に悪い役割を果たしてしまった、という感じを持たざるを得ません。

ブッシュ政権がＩＴバブルの崩壊に直面したとき、富裕層重視の大減税をおこなったのは「金持ちに恩恵を施すと、しずくが垂れるように貧しい人にも恩恵がいきわたるから」という「Trickle Down Theory」にもとづいていました。これも市場原理主義者のアイデアで、かつてレーガン政権下でも採用されていたものです。しかし現実的妥当性は薄く、イラク戦争による膨大な財政赤字をドルや米国債でカバーしていたのが、それもできなくなってサブプライムローンを考え出したわけです。

すでにいわれていることですが、サブプライムローンの有資格者は過去一年に二度の支払い不能か、もしくは過去五年以内に破産していることが条件でした。つまり、そもそも支払い能力がない人に、住む家がなくて困っているだろうという建前で住宅ローンを提供する、それをグリーンスパンFRB議長やブッシュ大統領が後押ししたという格好です。

たしかにファニーメイやフェデラルクレジットなどの政府系金融機関から低金利で借りられるとしても、それははじめの二、三年で、その後は高金利のファンドに組み込まれて急に金利が上がり、数年で破産に追い込まれ、結局、家から追い出されます。二〇〇六、七年にかけてそうしたヒスパニック系住民や黒人が急増すると、不動産屋は売り物件を見にいくバスツアーを組んでさらに売りつけようとしました。

金融工学を駆使して、あくまで計算上だけで成り立つ悪質な金融商品をアメリカ政府の保証があるかのような印象を持たせて売りさばいた。そのセールスポイントは、彼らには選択の余地がないから普通よりも高い金利をチャージできる、というまったくどうしようもないものでした。

シカゴ大学時代の私の教え子の一人で経済学者ジョセフ・スティグリッツは、二〇〇七年八月の時点で、こんなタイトルの論文を発表しています。「Day of Reckoning」、つまりアメリカ最後の「審判の日」はもうすぐそこに迫っていると断言していたのです。しかしアメリカはいっこうに懲りないばかりか、破綻による火の粉をできるだけ他の国々へ吹きかけようとしました。実際、日本でも厚生労働省が管理する年金基金は、二〇〇八年度の一年間で九兆円も毀損してしまった。リーマン・ショックの構図というのは、そういう性質のものなのです。

本来、金融機関というのは大切な社会的共通資本です。社会的共通資本は決してマーケットで取引するようなものではありませんが、市場原理主義者の最大のねらいは、大事な社会的共通資本として守られてきたものを世界中でもうけの対象にすることです。

金融にとどまらず、医療については、医療サービスを売る人と買う人に分けてマーケットを設けよう、教育も教育をする方と受ける方と市場で取り引きしようと考えます。

民営化のかけ声のもとで、どこの国でも最初にねらわれたのは国鉄と郵便局で、イギリスでもそうでした。公共的な交通機関や輸送システムのような社会的共通資本をねらって民営化し、それをアメリカの金融資本がマネージすることで巨利を得る、そうした流れは共通しています。

第二次大戦後にはじまったパックス・アメリカーナ、そしてこの三十年ばかり、世界各国で起きている問題のほとんどは、アメリカにとって都合のいい考え方を他の国々に押しつける姿勢によってもたらされてきました。市場原理主義はその最大の象徴であり、今はそのパックス・アメリカーナ時代の終わりの始まりなのだと思います。

二　経済学と医療をめぐって

パックス・ブリタニカ

　パックス・アメリカーナがはじまる前、パックス・ブリタニカとその終焉に際して、経済学がどのような役割を果たしたかについて考えてみます。

　パックス・ブリタニカは、経済史では一八〇五年のトラファルガー海戦で、ネルソン提督ひきいる英国海軍がフランス・スペイン合同艦隊を破ったときにはじまるとされますが、正式にはその十年後の一八一五年、ワーテルローの戦いでイギリスを中心とする連合軍が、ナポレオンの軍隊に圧勝したところが出発点になります。

パックス・ブリタニカには一つの重要なルール、Two-Power Standard というのがあって、イギリスの海軍力は世界一で、二番目と三番目の国の海軍力を合わせたものより強力でなければならない、とされていました。その海軍力を使って、海賊的資本主義で世界を制覇するというのがパックス・ブリタニカの姿で、アフリカをはじめ中近東からインド、中国までを徹底的に収奪していったのです。

イギリスの植民地政策は、世界史において特筆されるべき残酷さをもっていました。インドのエリート層のなかでも特に優秀な少年たちをオックスフォードやケンブリッジに連れてきて、英国式教育と思考様式を徹底的に叩き込み、母国へ帰して支配者階級に据えた。そしてアフリカでは、英国で教育を受けたインド人エリートたちがパックス・ブリタニカの先兵となって、さらなる植民地化を推し進めていく。それが一つのパターンでした。

同時にまたこんなルールもありました。イギリスの軍隊はインドを守るためにあるという名目で、軍事費のかなりの部分をインド政府に負担させていた。さらに言うと、イギリスの国家公務員は任期中に必ず二、三年はインドに赴任するので、インドのために尽くしたということで、その年金をインド政府が支払う仕組みまであったのです。つまり、世界でいちばん貧しい国が、世界でいちばん豊かな国の軍事費と国家公務員の年金を負担する、それがパックス・ブリタニカの苛酷さを象徴しています。

その最大の被害を受けた国インドでは、自然は壊され、社会が分断され、人間の命も多数奪われました。一例として、インド産の織布モスリンをめぐる事件が象徴的です。産業革命によって工業都市マンチェスターなどから入ってきた新しい綿織機が、それまでインドから輸入していた粗末な綿織物＝キャラコをまたたく間に追いやりました。しかし、インドの職人がつくるモスリンはとても繊細な織物で、産業革命の技術をもってしてもつくることができなかった。するとイギリスはインドに軍隊を派遣して、モスリンを織る村の男子の両手首をすべて切り落としてしまったのです。インドでは今もこの残酷で悲しい話が伝えられていて、私自身、インドの大学に滞在していたとき、身の回りを世話してくれた学生から、涙ながらにその話を聞かされました。

スリランカにおいても、イギリスの軍隊が灌漑用のため池を壊してダムをつくり、森林を切り払って、お茶やゴムのプランテーションに変えていきました。アジアの農業はため池が中心で地元の村長がすべてを管理していたのを、ダムを作ることで中央集権的に用水をコントロールしたわけです。これもイギリスの植民地支配の苛烈な合理性をあらわしています。

やがて二十世紀に入ると、オスマン・トルコの衰亡、第一次世界大戦を受けてパックス・ブリタニカは崩壊していきます。それを決定的にしたのが世界大恐慌であり、日本の経済史においては昭和大恐慌と呼ばれる不況の大波でした。

ケインズ＝ベヴァリッジの時代

当時、パックス・ブリタニカの崩壊とイギリス社会の不況の深刻化に、二人の経済学者が力を合わせて向き合いました。ジョン・ケインズとウィリアム・ベヴァリッジです。

ケインズは二十世紀前半のイギリスと世界を代表する経済学者で、資本主義という経済制度には矛盾があると考え、常なる不均衡、失業者の大量発生、物価の不安定、経済活動全体としての非社会性などを念頭に置いて、パックス・ブリタニカ崩壊をどうすれば防ぐことができるか、意を尽くして考えました。

一方のベヴァリッジは、イギリス社会、あるいは社会全体にとって理想的な社会保障制度をつくることに一生を捧げた人です。パックス・ブリタニカの下で犠牲になって苦しむ人びと、病気や失業で働き手を失った家族の救済を前面に掲げ、理想的な社会保障制度をつくることに全力を尽くした。この時代の経済学が往々にして「ケインズ＝ベヴァリッジの時代」と呼ばれるのはそのためです。

ベヴァリッジは日本ではあまり注目されず、私もかつては社会運動家のような印象を抱いていましたが、ある意味で、ケインズ以上の経済学者だと思うようになりました。ケインズより四歳年上のベヴァリッジは、オックスフォード大学を出てロンドンのイーストエンド、ディケンズが描いたような貧しい地域にあるトインビー・ホールという世界で最初のセツルメントハウスで、住み込みで働きました。

そのあと日刊紙モーニング・ポストの記者になり、不遇な人びとの側に立って仕事をします。イギリス絶頂期にあたるヴィクトリア朝の風潮もあって、当時、失業は怠慢や酒を飲んでばかりの生活が原因で、もっぱら本人の不徳ゆえだと考えられていた。しかしベヴァリッジは、働きたくても職が見つけられないのは、夫との離婚や死別など、個人の不徳ではなく、社会制度や経済制度ゆえに苦しんでいると考えたのです。

一九〇九年にベヴァリッジが刊行した『失業――産業の問題』（*Unemployment: A problem of industry*）は、失業を社会的、経済的な問題としてとらえ、どうやって解決すればいいのかを探究したすばらしい書物です。ケインズが一九三六年の『一般理論』で使ったinvoluntary unemployment（非自発的失業）という言葉は、働きたくても働けない、あるいは健康不安によって仕事が見つけられない、そういう状況を一般理論のコアに据えたもので、その原点はベヴァリッジの著書にあるのです。

新聞記者をしている頃、ベヴァリッジはフェビアン・ソサエティ（英労働党の基盤）をつくったシドニー&ビアトリス・ウェブ夫妻の知遇を得て、夫妻がつくったイギリス最初の労働者階級のための大学、ロンドン・スクール・オブ・エコノミクス（LSE）に教授として招かれました。ケンブリッジやオックスフォードと違ってLSEの建物はじつに貧しいもので、私が行ったときも、目的のフロアに行くのにエレベーターを降りて縄をつたっていくような状態でしたが、今では世界的な経済大学として有名です。

ベヴァリッジはLSE学長として十八年間尽力しましたが、ウェブ女史に女性秘書との仲を疑われて解雇され、その後オックスフォードの学寮長をつとめたものの、概して不遇をかこっていました。

ベヴァリッジ報告書

一九四〇年、イギリス軍は大陸から全面的に撤退し、ドイツ軍によるロンドン空襲は時間の問題となっていました。イギリスにとって非常に困難なこの時期、ベヴァリッジは、次のような手紙をチャーチル首相にしたためます。

「今度の戦争は、イギリスはじまって以来のたいへんな災難です。しかも、戦争に勝っても負けても、残るのは破壊と悲惨しかない」。そう強調したうえで、「下院（イギリス国会）に戦後のイギリス社会をどうやって立て直すかを考える委員会をつくって研究成果を発表し、国民に安心感を与えなければならない」と述べ、手紙の最後に「幸い、私は目下失業しているので、委員長の職はいつでもお引き受けします」と記したのです。

チャーチルは返事こそ出しませんでしたが、ほどなくして、下院で歴史的な演説をおこないます。その内容は、ベヴァリッジの手紙とほとんど同じでした。やがて戦後社会の再建を考える委員会が下院の中に立ち上げられ、アーサー・グリーンウッドという無任所大臣が委員長に就任。グリーンウッドは直ちに「イギリスの社会保障を考える小委員会」をつくり、その委員長にベヴァリッジを指名しました。

もともと小委員会の mandate（課題）は、現行の社会保障制度を調査研究して問題点を報告する、ということでしたが、ベヴァリッジはその課題をはるかに超えて、イギリス社会、あるいは社会全体にとって理想的な社会保障制度をつくることを前面に掲げました。しかし、ベヴァリッジを除く十一人の小委員会メンバーは各省庁から派遣された官僚でしたから、ベヴァリッジの壮大な研究に対してみな逡巡します。

イギリスの大蔵省は当時も今もイギリスの政府組織のなかで最も強力で、日本の財務省の比ではありません。各省庁に一人ずつ副大臣を送り込み、その省庁の予算をすべて統括するなど、そもそも国王の金庫を預かっているという考えですから、普通の省庁とは別格なのです。そこへきてベヴァリッジが、社会保障制度を主として所得税で賄うと主張したものだから、大蔵省はいちばん重要な権限である税制に口を出すのかと怒り、一時は全官僚にベヴァリッジと接触することを禁じる通達まで出しました。

　そこで一計を案じたグリーンウッドは、十一人の委員全員を顧問というかたちにして、何を言ってもいいし、責任を取る必要もない、ということにした。そして最終報告書にはベヴァリッジ一人がサインをしました。

　ベヴァリッジ報告書は、社会保障制度、つまり医療や基礎年金、子どもへの手当などを保証し、戦後のイギリス社会を安定的に維持することに重点が置かれていました。一般国民がそれを理解することで戦争にも協力する、という考え方だったのです。一九四二年十一月末に下院に提出されたベヴァリッジ報告書は、翌月に市販されるや発売後二時間で七万部、一年間で六十二万部も売れたという記録が残っています。

　世論調査でもじつに九〇パーセント以上がベヴァリッジの案に賛成していましたが、チャーチル首相は何も実行に移そうとはしませんでした。実際に動き出したのはその三年後、一九四五年七月の総選挙でアトリー党首ひきいる労働党が圧勝し、厚生大臣ベヴァンのもとで、ベヴァリッジ報告書を制度として立ち上げるプロセスがはじまりました。ところが当時の労働党はかなりラディカルで、報告書を具体化するシナリオの大前提として、すべての医療機関の国営化を打ち出したのです。

「国営化」は、当時のイギリス労働党のプリンシプルでもあったわけですが、そのためにイギリスの医師会や学会から激しい反対が起こりました。結局、実現までに三年を要したその詳しい経緯は省きますが、イギリス流の巧みな調整にも助けられて、国民保健サービス（ＮＨＳ）は一九四八年、曲がりなりにもスタートを切りました。

戦後、多くの人びとに夢と希望を与えたＮＨＳという制度は、居住外国人もふくむすべての国民が無料で医療を受けられるという制度です。一九五二年に一部修正されて、義歯、義眼などは患者が負担することになりましたが、基本的にはすべての医療費を税収で賄う制度が発足したわけです。

医療と乗数効果

もともとベヴァリッジは失業や社会保障の専門家ではあっても、財政やマクロ経済については不案内でしたから、小委員会の委員長指名を受けて、当時大蔵省顧問だったケインズのもとを訪ねてアドバイスを求めました。日本では顧問というと雛壇に飾られたような感じなのに比べて、イギリスではフルタイムです。イギリスでは大学も俸給はすべて教授がいくら、リーダーはいくら、という具合に定められていますが、顧問は教授の約二倍の水準、つまり相当な仕事量をこなします。それだけパワフルなポストにいたケインズはベヴァリッジの要請に応えて、自分の高弟で内閣官房経済部にいたジェームズ・ミードをアシスタントに指名しました。

ミードは戦後イギリスを代表する天才的な経済学者で、経済成長論や国際経済その他あらゆる経済分野で優れた理論的な貢献をしたばかりでなく、現実感覚と社会正義の感覚を持ち合わせた、見方によってはケインズよりも優れた経済学者だと思います。じつは、私をシカゴ大学からケンブリッジに推薦してくれたのがミードでした。

その頃ミードは、大蔵省の経済学者ヘンダーソンと乗数効果をめぐって激しい論争を展開していました。ケインズ理論のコアは、政府の財政支出を増やすといろいろな波及効果をもたらして国民所得が増え、それによって税収も増える、というものです。ミードは、医療に対する支出には非常に高い乗数効果があると主張していました。それと同時に、医療のような社会保障の原点に関わる分野では、単なる経済的な乗数効果だけでなく、貧しい人たちや苦しんでいる人たちを救済することで、社会を安定させる効果が大きいというのでした。

その財源を税金でまかなうことについては、彼なりの根拠がありました。当時のイギリスの所得税は非常に累進性が高く、最高税率は八〇パーセントを超えていましたから、相対的に金持ちほど大きな負担、普通の所得の低い人は小さな負担ですみますが、医療の給付で受けるベネフィットにおいてはすべてが平等である、というわけです。

ベヴァリッジ報告書がつくられる過程で、ミードはケインズとベヴァリッジのあいだに立って献身的な努力を重ねました。それがNHSという制度に色濃く反映しているのです。

NHSの難局

ところが大蔵省は、NHSの実施に対して当初から徹底的にサボりました。戦後しばらくは医学水準がどんどん上がり、新しい機器や技術、新薬が次から次に出てきた。そこを大蔵省はきびしく抑えこんだのです。

私自身、身近なところでその弊害を目にしました。私がケンブリッジで最も親しかったフェローは、リチャード・ダーウィン・ケインズといって、お父さんはケインズの弟、お母さんがチャールズ・ダーウィンの孫にあたるという優秀な医師でした。

彼もまたベヴァリッジ報告書の作成に全力を尽くした一人でしたが、いざNHSがスタートすると、大蔵省による支出カットのための極端な抑制、医師の裁量権への介入がはじまった。彼は、ベヴァリッジの理想と国営化という労働党のプリンシプルは合わない、つまり医師というのは一人ひとりが職業的な自由と志をもっているのに、それを国家の管理の下に置くのは矛盾しているのではないか、そのことで深く悩んだのです。結局、彼は病院の勤務医を辞めて生理学の研究者としてカレッジのフェローとなり、その後ダーウィン研究者として著名な存在になりました。

NHSによって、病院はすべて国営化され、一般的な開業医は general practitioner（専門を限定せず、その地区の患者を診て専門医に引き継ぐ開業医）としてNHSと契約を結びました。それぞれの町、たとえば私がいたケンブリッジでは百人ぐらいの「NHS契約を結んだお医者さん」がいて、毎年はじめに一人のお医者さんをいわゆる family doctor として登録します。自分や家族が病気になったときは、そのお医者さんに全部無料で診てもらえて、医療費はすべてNHSから支払われる。私自身、当時は子どもが小さかったので、この制度は重宝しました。

ただ、もし入院を必要とするような場合には、そのお医者さんがどこかの病院にrefer（紹介）しますが、family doctor の refer がないと、原則として病院では診てもらえないことになります。例えば簡単な手術で治る足の静脈瘤でも、三年近く待たないと病院に入れてもらえないなど、待機患者がどんどん出てしまったのです。

病院は原則として国営化されましたから、厚生省にあたる役所が厳しく管理しました。そこで問題になったのは、現場の医師たちの裁量権に役所が大幅な制約を加えたこと、それと病院の勤務医の経済的な条件を極端に悪くしたことでした。具体的にいうと、医師の給与体系を六等級に分け、いちばん上のコンサルタントの給料を、中央官庁の局長クラスよりも低い水準に決めたのです。イギリスでは給料の水準は社会的、職業的な地位を象徴するものとされますから、その点では信じられないぐらい安く、しかも過酷な労働条件が医師たちに課せられたわけです。

その結果、私がいた一九六〇年代には、新しく医師になるよりも大量のお医者さんがアメリカ、カナダ、オーストラリアなど海外の英語圏へ出ていくようになりました。そうした状況が長く続いたことで極端な医師不足、病院不足が生じてしまった。職能集団である医師や病院をＮＨＳが管理して、すべてを官僚的なコントロールのもとに置いたことが、医師たちの職業意識と大きな矛盾を引きおこしてしまったのです。

こうしたイギリスの医療の苦境にとどめを刺したのが、サッチャー首相でした。彼女はフリードマンが唱えた市場原理主義に全面的に賛同し、徹底的な医療費抑制政策を断行しました。一九七九年、首相としての一期目に国鉄、郵便局、電信電話局の民営化に着手し、二期目に入ると、いよいよＮＨＳに手をつけようとしました。しかし、あまりに国民の支持が高いために outright（完全）な民営化はできず、擬似的な市場メカニズムを導入することにします。そのためにアメリカから経済学者のアラン・エントホーフェンを呼んで、内部市場制度の導入、すなわち医療費の徹底した抑制をはじめたのです。

その一環として、六十歳以上の老人にターゲットをしぼって徹底的に医療費を抑制することにしました。六十歳以上の老人の腎臓透析には健康保険の適用をしない、という通達は、高齢者に腎臓透析をしたところですぐ死ぬのだし、金がかかるだけであまり効果がない、コストを安くおさえよう、という考え方が基本にありました。しかし、こうした人間性を無視した制度改革によって、もともと崩壊過程にあったイギリスのＮＨＳは、いよいよ末期的な状況を呈するようになりました。

一九九七年に労働党党首のブレア首相がようやくＮＨＳのてこ入れをはじめましたが、そのときまでに医師の数は三分の一ぐらいにまで減ってしまい、一方で、入院待ちの患者は百三十万人というひどい状態になっていたのです。

二〇〇〇年にブレア首相は医療制度の立て直しのために、五年間で国民医療費を五〇パーセント増やすという政策を打ち出しましたが、五年たってもほとんど効果はあがらず、今度は十年間で国民医療費を二倍にして、医師数を五〇パーセント増やすという政策を実行に移そうとしました。それでも今なお、ＮＨＳの将来は楽観を許さない状況がつづいています。

Kill-Ratio と Death-Ratio

サッチャーのＮＨＳ民営化を手伝ったエントホーフェンとは、私も若いころ親しくしたことがあります。才気煥発な経済学者で、たしか三十代の半ばでロバート・マクナマラ米国防長官に見出されて国防次官補に任命され、ヴェトナム戦争のときに戦闘行為以外の実務の総責任者になりました。そこで彼が関わったのがKill-Ratioです。

Kill-Ratioというのは、一人のヴェトコンを殺すのにいくらコストがかかるか、ということで、それをできるだけ安くおさえる、つまり限られた戦争予算を可能な限り効率的に使い、一人でも多くヴェトコンを殺すことを戦争政策のいちばんの目的に掲げたのです。コンピューターを駆使してはじき出した計算によれば、たしかヴェトコン一人を殺すのに三十三万ドル、当時の固定レート三百六十円で換算すると一億円かかるというものでした。

しかしKill-Ratioがニューヨークタイムズにすっぱ抜かれたことで、アメリカは国内だけでなく全世界からごうごうたる非難を浴びました。そのせいで当時のマクナマラ長官は神経衰弱におちいり、カナダで講演をしている最中に「今度のヴェトナム戦争は、アメリカ始まって以来の最悪の事態だ」と突然わめき出し、ジョンソン大統領に解雇され、やがてはジョンソン自身も追い詰められ、再選を断念せざるを得なくなります。それでヴェトナム和平への道が開けたわけですから、エントホーフェンはある意味で歴史的な人物かもしれません。

もともとKill-Ratioはマクナマラが考え出して、実行に移したものでした。第二次大戦中、マクナマラは陸軍航空隊で日本への爆撃計画を理論的に考える仕事をしていて、それが空軍司令官カーチス・ルメイ少将の目に止まります。グアム島に呼ばれたマクナマラは、第二十一爆撃集団による日本爆撃作戦を練りあげますが、そのとき彼が開発したのが有名なナパーム弾（焼夷弾）で、日本の木造家屋が非常に効率的に燃えるようにつくられていました。

それが大量に使われたのが、一九四五年三月十日の東京大空襲でした。木造の民家が密集する東京の下町に膨大な数のB29を投入して、狭い地域に限定的にナパーム爆弾を落として、あっという間に火の海にした。その結果、死者八万人、負傷者五万人、焼失家屋三十万戸という、それまでの戦争史において記録的な被害をもたらしました。その後も日本の主だった都市を同じ手法によって焦土と変えていくなか、広島、長崎への原爆投下で日本にとどめを刺したというわけです。

ずっと後になって「The Fog of War」（霧の中の戦争）という記録映画が作られたとき、マクナマラ自らが出演して、こんな発言をしていました。

「ルメイ少将は、いつもこう言っていた。『日本がもし勝っていたら、われわれは戦争犯罪人として処刑されていただろう。われわれは、そういうことをやっていたのだ』とね。私も、そう思う」

エントホーフェンがイギリスのNHSにたずさわって持ち出したのは、Kill-Ratioならぬ Death-Ratio、一人の患者が死に至るまでの医療費を、できるだけ安く抑えようという考えでした。日本の後期高齢者医療制度というのは、このエントホーフェンの考え方を適用したもので、小泉・竹中改革による医療制度改革に色濃く出ています。

しかし、いわゆる近代経済学の効率性の考え方が、このような形で適用されることに対しては、世界中から厳しい批判があるのです。社会的共通資本としての核心部分である医療に対しては、市場メカニズムを使うのではなく、もっと人間的な立場からその営みを守るために協力していかなくてはなりません。

人生は短し、医術は長し

旧制一高時代、医学部志望のクラス（理乙）にいた私は、三年生になると自分の人生について真剣に考えるようになりました。いうまでもなく、医師を志す者は「ヒポクラテスの誓い」という厳しい掟を終生守ることを誓わなくてはなりません。医師たる者は自らの生涯を患者のために捧げ、自分のよこしまな心を一切捨てよ、というものです。しかし、当時出ていた『ヒポクラテス全集』五十二巻の訳本を読むうち私は、自分には医師として一生を貫くために必要な人間的資質などあるだろうか、医学の深い学問的内容を正確に理解して、患者の診療にあたる専門知識と技能をマスターすることなど無理ではないのか、どんどん悩みが深くなっていきました。

それと私の心に引っかかっていたのが、有名なヒポクラテスの言葉、Vita brevis, ars longa（Life is short, art is long）です。その頃は「人生は短く、芸術は長し」と訳されていましたが、われながら手先も不器用で「芸術」方面にはおよそ向いていないことは分かっていたし、なぜヒポクラテスがそういう言葉を残したのか、違和感を抱いていた。

それも医学部進学を断念した理由の一つでしたが、ずっと後になってarsが、芸術ではなく医術を意味していることを知りました。つまり「人間の命は短い。しかし、その短い人の命を救う医術の道には永遠の生命があり、過去から現在、未来へとつづく」という意味なのです。

お医者さんは師の教えを守って、ヒポクラテスの誓いに忠実に医の道を歩む。そして必ず弟子に医の道を伝えていく。そうすると、短い命を救う医術は永遠の生命をもって次の世代に伝えられていく。医術が永遠の生命をもちうるのは、一人一人の医師がヒポクラテスの誓いを守り、医師として、また人間としての生きざまを全うし、師から学び受け継いだ医術を、次の世代に伝える高貴な営為に全力を尽くしているからである――これこそ社会的共通資本の核心です。

若い時分に額面通り受け取ったことで、人生の道を踏み誤ったといえなくもないのですが、そうして私は数学の道を選び、卒業して間もなく、ふたたび経済学へ転じざるを得ませんでした。その思い出は、深い傷として心に残っています。

一高時代の友人の大半は医学部に進み、アメリカに行ってからも、日本に帰ってくると彼らとよく会っていましたが、そのたびに驚いたのは、信じられないような彼らの待遇でした。たとえば東大の医学部を出て十年、二十年も医局にいて、報酬は何もない。医局員が二十人近くいるのに助手のポストは一つだけで、毎年くじ引きでポストをもらう以外は、まったく無給の医局員として働いていたりするのです。

アメリカで少し医療について調べてみたら、およそ対照的な扱いを受けていました。例えばシカゴ大学の医学部教授の給料は経済学部教授の約三倍でしたが、日本では国立大学は学部を問わず給料は均一でした。医学生の教育、患者と向き合う臨床、さらに行政上の実務、と毎日たいへんな思いをしている医学部教授の社会的な責任は相当大きい。それに比べたら経済学部の教授など、知っていることを大教室で話しているだけです。

かつて大阪大学の岸本忠三総長が、リストラされかけた経済学系の教授たちから陳情を受け、冗談交じりに「あなたがたの業績すべてを併せても、私一人の業績に及ばない」と言ったことがあります。しかし私に言わせれば、免疫学者としての岸本先生の業績は、日本中のすべての経済学者の業績を全部併せても及ばないでしょう。

私の友人たちはみな医療に対して、患者に対して献身的で、週に一度アルバイトで病院に行けばまあまあ生活はできる、といって満足していました。大げさにいうなら、そのとき「ヒポクラテスの誓い」を守って医の道を歩むという理想がいかに厳しいものか、身をもって感じました。友人たちは、やがてはそれぞれが優れた医師として活躍しましたが、地方の無医村で身を粉にして働いた者も少なくありませんでした。

日本の医療危機の構図

日本の医療の国民皆保険制度はベヴァリッジ報告書、ひいてはNHSを一つの規範として一九六一年にスタートしました。国民健康保険と職域保険を合わせて国民の九九パーセントがカバーされ、住む場所や収入と関わりなく、そのとき最高の医療が受けられるという高い理想をもった制度は、今や世界的にも知られています。

当時の日本の医療制度は、敗戦後に再建されつつありましたが、まだまだ不完全なもので、病院その他の施設など物理的な条件からみても、医学的な点からも、だいぶ見劣りするものでした。それでも、大勢のお医者さんや看護師さんたちが、患者の苦しみや痛みを自らのものとして、献身的に医療あるいは介護にあたってこられました。占領軍が日本の医療制度改革をスローガンとして次々に新しい制度を打ち出したときも、医師会会長をつとめられた武見太郎先生が、高圧的な厚生官僚たちと真正面から戦い、日本の医療のあり方に非常に大きな影響を与えました。

その後、国民皆保険制度が軌道に乗って、順調に進んでいると思われた一九八〇年代、国による過酷な医療費抑制政策がはじまりました。その象徴が、厚生省の局長が唱えた「医療費亡国論」でした。要するに、日本の医療費がかかりすぎるのは医者が多すぎるからで、大学の医学部の入学定員を約三分の一にカットしないと、日本の経済はやっていけないというのでした。それが中曽根政権の頃から実行に移され、聖域なき構造改革を唱えた小泉政権において、いっそう拍車をかけられたのです。

医療費抑制というスローガンの背景には、一九八〇年代後半にはじまった日米構造協議がありました。日本政府の公的な支出に対して、アメリカ政府が毎年注文を付ける、それがアメリカ側の要求のコアでした。当時は、日本からアメリカへの輸出が非常に多くて対日赤字が蓄積する一方、ヴェトナム戦争後のアメリカの財政赤字は天文学的な数字に達していた。アメリカはその原因は日本の社会構造にあると強調して、日本政府に対して十年間で四百三十兆円の公共投資をせよと迫ったのです。

しかも、公共投資は日本経済の生産性を上げるようなものにはいっさい振り向けず、ほとんど無駄なことに使えということでした。それによって社会の役に立たない壮大なレジャーランドや、使い途のないような工場造成が進められたのです。しかもその後の一九九四年、まだ足りないというのでさらに二百兆円を追加している。十年ちょっとのあいだに六百三十兆円という巨額の公共投資を日本政府がのんだとき、私はいったいどういうことかと暗然すると同時に、経済学者として恥ずかしくなりました。

自民党政権は、中央政府の財政バランスを維持するという視点から、六百三十兆円の巨大な公共投資はすべて地方自治体が代わりにやること、地方自治体は地方債を発行してそれをカバーし、その地方債の元利返済は地方交付税でまかなう、と約束しました。しかし、地方債の元利の支払いは法的に拘束されているが、地方交付税はその時々の政府の意図的な判断によって決まります。

事実、小泉政権になって地方交付税を大幅にカットしたのが原因で、地方自治体が第三セクターとして立ち上げた多くのプロジェクトが破産し、その負債はすべて地方自治体に重くのしかかりました。多くの自治体が、憲法二十五条の規定（国は、すべての生活部面について、社会福祉、社会保障及び公衆衛生の向上及び増進に努めなければならない）にもとづく公共支出をカットしていくようになったのはこのためなのです。

アメリカの要求による六百三十兆円の公共投資がもたらしたのは、現在目にするような惨憺たる地方のありさまです。地域の医療、経済、社会あるいは自然など、さまざまな社会的共通資本が徹底的に破壊されてしまい、そのことが、かつてないほど重い負債になって日本人の肩にのしかかっています。

リーマン・ブラザーズの倒産にはじまる平成大恐慌にしても、結局のところ、日本の犠牲によってアメリカの企業なり政府がかろうじて逃げることができる、という構図がはっきり現れています。先年のトヨタのリコール問題も、たしかにトヨタに落ち度はあったでしょうが、その背景には、日本を植民地のごとく意のままにすることでアメリカが救われる、というパックス・アメリカーナに組み込まれた日本という国の苦しさが現れていると思うのです。

人間を扱う医療というのは非常にデリケートなもので、一度壊されてしまうと回復するのは非常に難しいものです。特にイギリスの場合は、職能集団としての医師たちの士気、モラル、志という人間の心に関わるところが壊されてしまった。それがイギリスという国を危機的な状況に追い込んでいます。これは社会的共通資本としての今の日本の医療、あるいは教育が置かれた状況とじつに良く似ているのです。

三　教育とリベラリズム

安倍能成先生のこと

社会的共通資本としての教育について考えるとき、私にとって忘れられない光景があります。東京大空襲後の一九四五年、旧制一高に入学した年の出来事でした。

戦時中、一高の本館は師団司令部が使っていて、学生は裏手にあった講堂で講義を受けていました。肩で風を切って正門を通る将校たちを横目に、私たちは肩身のせまい思いをしていたのが、終戦によってようやく圧迫感や恐怖感から解放された。もう一年戦争が続いたら私も兵隊にとられる年齢だったので、とにかくほっとしたものでした。

しかし、八月三十日にマッカーサーが厚木の飛行場に降り立つと同時に、過酷な占領政策がはじまります。あたり一面は焼け野原と化していて、占領軍は、めぼしい建物はみな接収して占領のために使うことにしたのです。

たしか九月半ば、軍隊の施設とみなされていた一高にもジープに乗った占領軍の将校団が接収にやってきました。当時の一高校長は安倍能成《よししげ》先生で、戦前の日本では最も優れたカント哲学者で、すぐれたリベラリストでもありました。ずっと後になって知ったことですが、安倍先生は、戦争中から、近衛文麿を中心とする敗戦処理を考えるグループの一員だったそうです。

その安倍先生は占領軍の将校たちを前にして、英語できっぱりとおっしゃいました。

「この一高は、Liberal Arts（リベラルアーツ）の College（カレッジ）です。ここは sacred place（聖なる場所）であり、占領という vulgar（世俗的）な目的のためには使わせない」

リベラルアーツというのは、教育の仕上げの段階で重要な役割を果たすものです。つまり、学問や芸術、知識であれ文学であれ、専門を問わず、先祖が残した貴重な遺産をひたすら学び吸収し、同時にそれらを次の世代へ受け渡すという営為をする場所だということです。一人ひとりの学生の人間的な成長を図るとともに、それを次代へと継承する役割がある。安倍先生はそのことを繰り返し、それを聞いた占領軍の将校たちは、黙ってそのまま帰っていきました。

占領軍に楯突くなど逮捕されて当たり前、という時代にきわめて珍しいエピソードのはずなのに、新聞はもちろん一高の記録にもいっさい残っていません。しかし、その場に居合わせた私は心の奥底で、われわれは先祖が残した貴重な遺産をできるかぎり吸収して次世代に残すという仕事をしている、それが大学あるいは学校なのだという思いを強くしました。今になって考えると、私の心の中に「社会的共通資本としての教育」という考え方が芽生えた原点だったように思うのです。

そのあとマッカーサーは日本の政治、経済、教育など、あらゆる面について徹底的な改革を命じました。東久邇内閣は即日総辞職し、幣原喜重郎を首班とする内閣が発足します。幣原は戦前の日本でもっとも優れた外交官で、駐米大使時代に政府全権としてワシントン会議（一九二一―二二年）に出席して歴史的な軍縮条約に署名、外相としてロンドン海軍軍縮条約（一九三〇年）の締結も果たした。軍部が中国など他の国々を侵略しはじめたとき、世界中のごうごうたる非難に向き合い、何とか協調外交的な手段で丸く収めようと全力を尽くしました。

ところが、大きな問題が起こりました。戦前の日本では政府と軍隊はまったく別な組織で、どちらも天皇をトップとしていた。政府の人間である外務大臣の幣原が、天皇の専権である軍を指揮監督する権限を侵した（統帥権の干犯）というので、激しい非難にさらされました。やがて幣原は野に下り、それからいっさいの公職に就かなかった。そういう経緯から、マッカーサーはあえて幣原を首班に指名したのでしょう。

それからしばらくしてマッカーサーは、日本が無謀な戦争に突き進んだのは、すべて教育制度に原因があるとして、日本の教育を徹底的に改革することを最優先課題にしました。アメリカからやってきた三十人以上の大調査団を出迎えたのが、そのとき文部大臣になっていた安倍先生で、このような挨拶をされたのです。

「日本は戦争中、いろいろな国を占領した。そのときの最も重い罪は、それぞれの国の歴史、社会、文化、それらを無視して日本の制度を押しつけたことだった。あなた方は占領国を代表して日本の教育制度の改革に来られたが、日本が犯したのと同じ罪を、決して犯さないでほしい」

すると調査団の団長は大いに感激して、壇上にかけあがって安倍先生に握手を求め、全員が割れるような拍手をしたのです。この様子は当時の新聞記事にもなり、大きな話題になりました。そしてじつは、この調査団長はリベラルな教育を唱導した哲学者ジョン・デューイのお弟子さんでした。

デューイについては後で話しますが、安倍先生が強調されたのは、リベラルな教育は人類に共通であって一つの国に特有のものではない、ということでした。もともとリベラルという言葉にはそういう意味が含まれていて、教育も、医療も、人間社会にとってかけがえのない大事なものだから、それをリベラルな基準にしたがって大切に守って次の世代へ伝えていく。その際には、教育なら教育者の、医療なら医療に生涯を捧げる医療者たちの専門的な規範と判断によって、子どもたちへ残していこうということです。

社会的自由ということ

安倍先生の片腕として、大へんな苦労を背負うことになったのが木村健康《たけやす》先生でした。木村先生は河合栄治郎の門下で、河合が軍を批判したとして起訴され休職に追い込まれたときは、河合に殉じて東大助手を辞し、特別弁護人として法廷にも立ちました。その後一高の教授となり、学生の自治を認める寮制度に軍部が異をとなえたときも、四つの寮に教授が一人ずつ寮監として住みこみ、あたかも教授会が寮を管理しているように見せるというアイデアを実行し、何とか一高は廃校を逃れたのです。

ところが、軍は木村先生をかなり長いこと憲兵隊に勾留しました。木村先生が憲兵隊から釈放されたとき、私は友人と何人かでお迎えに行きましたが、スリムな方だったのに、おそらく拷問に遭ったのでしょう、体は見るからにぶくぶくになっていて、その後の生涯、重いうつ病に苦しまれました。私が現在住んでいる家から駅まで行くには、一高、今の東大駒場キャンパスのイチョウ並木を通るのですが、六十五年前、青い顔をして歩いておられた木村先生の姿が今も目に浮かびます。

木村先生の専門はイギリスの経済思想史で、中でもジョン・スチュアート・ミルを専門とされていました。一高時代の英語のテキストがミルの『*On Liberty*』でしたが、その冒頭には「ここに言うリバティはフリーダム、つまり無制限の自由ではない。他の人々の自由を侵さない限りにおいて、自由はある」と書かれていました。つまり、人間にとっての自由とは、社会的自由なのだということを強調されていたのが、今でもはっきりと記憶に残っています。

リベラルとは何か、ということは若い頃から長く私の心にかかってきました。日本語ではリベラルもフリーダムも同じ「自由」と訳されます。前にふれたデヴィッド・ハーヴェイの本のタイトル「Neoliberalism」も「新自由主義」になりますが、「自由主義」を英語にすると、どちらかというとLibertarianismと言うのでしょうか、自由を最高至上のものとする考え方になります。

本来リベラリズムとは、人間が人間らしく生き、魂の自立を守り、市民的な権利を十分に享受できるような世界をもとめて学問的営為なり、社会的、政治的な運動に携わるということを意味します。そのときいちばん大事なのが人間の心なのです。

福沢諭吉の信念

日本人でリベラルアーツを代表する存在といえば、福沢諭吉だろうと私は思います。緒方洪庵が開いた適塾に学んだ諭吉は、もともと医者になるつもりはありませんでした。しかし、大阪船場にある適塾跡を訪ねて彼が勉強したノートを見たとき、私は深い感動を覚えました。諭吉は、砲術、天文学、数学、物理、歴史、文学など、ありとあらゆるものを必死になって学んでいた。そのあと東京へ出て、今の慶応大学の前身となる学校をつくるのですが、彼の教育についての考え方は常に一貫していて、人間は生まれながらにして各々が素晴らしい能力をもっているのだから、それを自由に育てるのが教育で、決して競争や試験をすべきではないといいます。

一八六〇年、咸臨丸でアメリカに渡る前、諭吉は横浜の外国人居留地で、外国人がビールを飲みながら談論風発という様子で話をしているのをみて、なるほどビールというのは社交的な飲み物だが、日本酒は一人寂しく飲むものだ、と思ったことを日記にしるしています。また『福翁自伝』には、自分には欠点はないが、ただ一つ酒癖が悪い、適塾時代に緒方先生から煙草を吸えば禁酒できるといわれて煙草をはじめたものの、ついに一生のうちで酒と煙草をやめることができなかった、と書いてあります。

私自身が自他ともに認める酒飲みだからいうのではありませんが、諭吉にとって、酒はリベラリズムの思想と深く関わっていたように感じるのです。そのリベラリズムの一端を物語るエピソードも残っています。

どうしても咸臨丸に乗ってアメリカへ渡りたい諭吉は、使節団長の木村摂津守の召使として何とか乗船を果たしました。しかし、船内の階級制は相当にきびしく、そのうち一人の水夫が貧しい食事からくる栄養失調と過労で倒れてしまいます。それに憤慨した諭吉は、酒に酔って摂津守をぶんなぐるのです。クビこそ免れたものの、結局、水夫はサンフランシスコで亡くなってしまいました。そのとき諭吉はサンフランシスコで水夫の墓を建てて弔ってから、一人遅れて使節団のあとを追ったというのです。

「天は人の上に人を造らず人の下に人を造らず」という人間に対する考え方、はじめての異郷の地でもまったくゆるがない信念を思うにつけても、私は、人間性の社会的本質を明らかにしようとしたアダム・スミスの『道徳感情論』を思い起こし、そこに経済学の原点をみる思いがします。『道徳感情論』をもとにして書かれた『国富論』のなかで、アダム・スミスは論理的整合性のみを基準として設計された経済制度は、必然的に、多様で個性的な人間のもつ基本的性向と矛盾することを、繰りかえし強調していました。

ジョン・デューイの教育哲学

ジョン・デューイは、十九世紀後半から二十世紀にかけてアメリカで活躍した最も優れた哲学者であり、教育者です。接点こそありませんが、私にいわせれば、デューイは福沢諭吉の考え方を体系的に展開した哲学者ということになります。

デューイは有名な著書『*Democracy and Education*』（民主主義と教育）で、「教育の三大原則」をまとめていますが、それは次のようなものです。

第一は、社会的な統合です。子どもたちはそれぞれの家庭、村、宗教など生まれた環境を背景にした狭い世界のなかで育ってきて、学校へ行くようになってはじめて、あらゆるバックグラウンドが違う子どもたちと一緒になる。つまり学校教育は、子どもたちが学校の教室という場で、他の子どもたちと一緒に学び、遊ぶことで一人前の人間に成長するのを助ける。アメリカは、特に十九世紀は典型的な移民社会でしたから、そのなかで、人間として共通の理念や生きざまを学ぶのが教育だということです。

第二は、平等に関わる原則で、どんな僻地に生まれても、どれほど貧しい家庭に育ったとしても、その時々の社会が提供できる最高の教育を、すべての子どもたちが受けられるようにするということです。

第三は、一人ひとりの子どもの知的、精神的、道徳的な側面の発達を助けるということです。子どもたちはみなinnate（生来的）に、あるいは後天的に独特の能力と性向をもっています。絵を描くのが上手な子、歌のうまい子もいれば足の早い子もいて、あるいは物真似の得意な子もいる。それらの良い面をできるだけ生かしながら、同時に社会的な存在としてバランスのとれた人間に育てます。

デューイが掲げた三大原則は、二十世紀前半のアメリカだけではなく、世界の学校教育において一つの理想とされました。しかしよく読むと、福沢諭吉が日記に書いたり、自ら行動で示していたこととほとんど重なっていて、そういう意味で、諭吉はリベラル教育の先導者だったといえます。それをデューイが受け継いだと考えれば、福沢諭吉は十九世紀後半において最も優れた思想家であり、教育学者でもあったわけです。

デューイの理念はアメリカ教育界の大きな流れとなり、彼自身、コロンビア大学の教育学部を全米における教育のメッカにしました。先にふれたように、終戦後に日本へ派遣された教育調査団のほとんどがデューイの影響を強く受けた人たちで、その理念は戦後日本の学校教育改革に貫かれているように思います。

しかし、よかったのは教育基本法がつくられるまでで、そのあと文部官僚たちはデューイの理念、あるいは諭吉の思想をないがしろにするような制度の改変を次から次に重ねてしまった。そのことを私は非常に残念に思います。

東大を定年で退官する直前になって、私は安倍先生のことや福沢諭吉について、いろいろ考えるようになりました。東大紛争の頃も、優秀で前途有為な若者たちが志を失っていくのを耐えがたい思いで見ていましたが、それ以降の教育もじつに悲惨なものです。試験で高い点数をとって有名大学に入り、一流企業に就職できたらもうそれで満足、ただそれだけで教育を考えている。そうではなくて、一人ひとりの子どもが人間として立派に成長し、社会的に活躍することができ、同時に豊かな感性と広い知識を持つようになること、いわばバランスのとれた人間にすることが教育の大切な役割なのです。

とりわけ近年の東大生には、そうした人間的なバランスに欠ける学生が多い気がしています。また昔話になりますが、一高は全寮制で、入学とは入寮を意味していました。その運営は生徒が中心となった完全な自治主義で、入寮資格も寮生たちの自治委員会が決めていた。風紀点検委員会がつくる厳しいルールを破ると退寮処分になり、自動的に学校も退学になる、いわばユニオンショップ制でした。

もっとも私はろくに勉強もせず、うまくもないのにラグビーばかりやっていました。午前の講義に出ると腹が減って午後の練習に出られないので、昼まで寮の部屋でじっと寝ているか、終戦直後の食料不足のため、暇を見つけてはイモの買い出しに出かける。そんな毎日でしたから、東大の数学科に受かったはいいが、出席日数も単位も大幅に足りないので卒業できないと告げられました。

けれどもあの頃は「ビッテ」(ドイツ語で、お願いします、の意)というものがあって、ある友人が「こいつの出席日数が足りなくて成績が悪いのは、ラグビー部の選手兼マネージャーとして練習や買い出しに日夜忙しく――」などと教授に説明してくれた。すると教務主任は、その場で成績を改ざんして私を卒業させてくれたのです。成績表ばかりでなく、学生生活を総体として評価してくれたということでは、ほんとうに嬉しかったものです。夏目漱石の日記を読むと、英語教師として赴任した熊本五高ではビッテが制度として確立されていて、寺田寅彦がビッテ委員だったそうです。私はそれを読んで、五高はずいぶん進んでいたんだな、と思いました。

デューイに話を戻しますと、彼はロックフェラーがつくったシカゴ大学に務めていた頃、自分の教育理念を実践するためにラボラトリー・スクール（Laboratory School）という実験的な小学校をつくっています。その理念を象徴するのが、Learning by Doingというスローガンで、教科書によるのではなく、子どもたちが一緒にいろいろなものを作ったり、遊んだりすることを通じて学ぶことを原則としていました。

私の子ども二人もこのラボラトリー・スクールに通いましたが、本当に自由な学校でした。教科書なんかなくて、教室の後ろのほうに本がたくさん置いてある。子どもたちは自由にそれらの本を読み、そして互いに議論したり、先生と話し合ったりします。教室としてはまるで体をなしていないのですが、皆それぞれに素晴らしい成長を遂げていく、まさしくリベラルな学校の一つの原型だと思いました。

私の学校計画

じつは私自身、自分で全寮制の中高一貫の六年制学校をつくろうと夢見ていたことがあるのです。実現させようとした学校のイメージを具体的にいいますと、全寮制で、校舎も宿舎もすべて木造、生徒たちは原則として農耕作業に従事しながら、自給自足の生活をする。テレビや電話は一切ない代わりに生徒たちは好きなことができるが、国語、英語、数学だけはしっかり身につけさせる。できれば漢文も入れよう――。

定年間近のころ、岩波書店の社長だった安江良介さんと親しくなって、会うたびそんな話をしていたら、あるとき安江さんが「宇沢先生の考えに賛同された富山の山奥の村長さんが、土地は提供するので一坪いくらでもどうぞ、と言っています」というのです。地元の大工さんたちが校舎や宿舎の建築に協力してくれる、農家の方々は農地を提供して畑仕事の指導をする、とも申し出てくれました。

私は嬉しくなって、すぐに百万坪ぐらいいただこうと思ってお金まで用意したのですが、妻の反対にあいました。それももっともな話で、全校生徒六百人ぐらいの全寮制では、病気になる子も出るだろうし、最悪の場合、死んでしまうこともあるかもしれない。「とても自分たちの責任で引き受ける勇気はありません」、そう妻にいわれると私もひるんでしまい、せっかくの申し出もお断りしてしまいました。

ただ実際には、数学と英語の教科書の執筆もかなり進んでいたのです。数学はそれからだいぶ後になって、全六巻の『好きになる数学入門』（岩波書店）として刊行され、英語のほうも全六巻の『*Invitation to English*』として書き進めていましたが、残念ながら本業に追われて未完成のままになっています。

私の友人たちにも、定年になってから教師として働きたいという人が何人かいましたが、誰も中学教師の免許をもっていなかった。私自身、東大を卒業するときに教務でたしか百円も払えば中学の教員免許をもらえたはずなのに、そのお金でビールを飲んでしまったもので何も資格はありません。

あの構想がダメになったのは、今から考えると本当に残念ですが、現実問題として学校の運営というのは行政から支援がないと難しいものです。ただ、その話が伝わったかどうかは分かりませんが、その後いくつかの県で自治体が中心となって全寮制の中高一貫教育の学校がつくられています。

それからずっと後になって、私の故郷である鳥取県の西尾邑次《ゆうじ》知事（当時）が、私の「公園都市」構想に共鳴してくださいました。もともと公園というのは、十八世紀ドイツの文豪ゲーテがワイマール公国の宰相だったときに唱えたのが最初といわれます。当時、立派な庭園とその緑は領主や貴族が所有していて、一般の人たちは使えなかった。ゲーテはそれを所有者が誰であるかを問わずに、共通財産として一般の人びとが享受できるような場所にしたわけです。一つの社会的共通資本として公園を位置づける考え方は、学問や芸術、広い意味での教育とつながると思います。

西尾さんの公園都市構想には三つの夢があり、一つ目が全寮制の中高一貫の学園の創立です。二つ目は終末期の患者が入院できる「医療公園」構想で、最先端の医療設備よりも生活環境やリハビリテーションを重視して、居心地のいい空間にすることを第一に考えていた。そこで亡くなることが前提となる終末期ケアだけでなく、患者の家族たちも何日か一緒に過ごせるような施設をつくることも考えていました。

そして三つ目が、環境問題を学ぶ「環境大学」でした。西尾さんは知事に再選されなかったので、構想は環境大学を除いて実現しませんでした。ただ、せっかくできた環境大学も、戦後の新制大学の多くに共通する基本的な欠陥があります。人の住まないようなところに広大なキャンパスを作って、教師も学生も自動車やバスで通う孤立型の大学になってしまったことです。

四　大学と都市の理想と現実

ジェイコブスの四大原則

ヨーロッパでもアメリカでも、理想的な大学は原則として全寮制で、教師も原則としてキャンパスの中か近くに住んでいます。つまり、生活をともにして一つのコミュニティをつくっている。しかし、わが日本の大学はというと、人里離れた広大なキャンパスに、味気ない建物が並んでいます。それを見ていると、現代日本の貧しい教育観のもとでは理想的な大学など到底実現できないだろうと思い、悲しくなります。

私は、日本をはじめアメリカやヨーロッパなど数多くの外国で教えてきましたが、街と一体になっている大学が多いことにしばしば感激したものです。ちょうど一九六〇年代の東大紛争の頃はベルギーのルーヴァン大学に通っていましたが、当時はベルギーでもたいへんな問題が起こっていて、学生を中心に暴動にまで発展していました。

もともとベルギーは、フランス語系とオランダ語（フレミッシュ）系に画然とグループが分かれ、概してフランス語系のほうが所得も社会的水準も高かったのです。そこで国内をフランス語系とフレミッシュ系の二つの地域に分けることになり、ルーヴァン大学はその区分けでフレミッシュ系の地域に入ったため、新しくキャンパスを作ることになりました。

当初ベルギーの文部省は、日本の新制大学のように人が住まないような辺鄙《へんぴ》な場所につくろうと計画していたのを、ルーヴァン大学の人たちは文部省の強硬な反対を押し切って自分たちで土地を探し出し、自分たちで計画して新キャンパスをつくったのです。それがルーヴァン・ラ・ヌーヴと呼ばれる学園都市で、ここでは小さく区画が分けられ、建物は最大でも三千平方メートルを超えない、都市の内部では徒歩か自転車で用を足すことができ、原則として自動車の通行を認めない、外部との交通は鉄道の駅ひとつに限定されるなど、いわば伝統的なヨーロッパの街づくりになっていました。

ル・コルビュジエの思想は、詳細な設計をし、ヴァン・ラ・ヌーヴ建設計画の全体から細かいところまで関与した建築家ピエール・ラコンテは、アメリカの都市研究家ジェーン・ジェイコブスの思想に傾倒していました。ジェイコブスの思想について、要約して紹介します。

二十世紀初頭、アメリカには数多くの魅力的な都市がありました。それらの都市では幅が狭くて曲がりくねった街路が隅々にまで行きわたり、人口密度が高く、大勢の人々が絶えず行きかっていた。主な交通手段は路面電車でこれまた街の隅々にまで敷かれ、人間的な営みを可能にしていたのです。しかし、一九五〇年代の終わりごろには、こうした大都市の大部分は「死んで」しまいます。

ジェイコブスは、アメリカの多くの都市が「死んで」しまった背景には、ル・コルビュジエの「輝ける都市」を理念とする近代的都市像があると考えました。コルビュジエのいう近代都市とは「自動車に乗って、豪壮な高層ビルのあいだを縫うようにつくられた高速道路を走りぬけ、街の中心には行政機能を果たす建物が左右にならぶ」といったもので、その通り都市の再開発がおこなわれてきたことが最大の原因だと考えました。

ジェイコブスは自分の足でアメリカ中を歩きまわり、住みやすくて人間的な魅力をそなえた街並みがまだ残っていることを発見し、それらの街並みに共通する特徴を探し出して「ジェイコブスの四大原則」としてまとめました。

第一の原則は、都市の街路は狭く、折れ曲がっていて、各ブロックが短いことです。幅が広く、まっすぐな街路を決してつくってはいけない。街を改造したり、新しい街を作ったりするときは広い直線道路はつくらず、ブロックを小さくします。

第二の原則は、都市の各地区には、古い建物ができるだけ多く残っているのが望ましいということです。街を構成する建物が古く、つくり方もさまざまな種類のものがたくさん混じっているほうが、住みやすい街だというのです。

テレビなどで見たことがあるでしょうが、アメリカでは、一ブロックまるごとダイナマイトで爆破してしまうので、古い建物は跡形もなくなります。ジェイコブスは「飲み屋でもレストランでも、新しくすると味が落ち、値段も高くなる」「新しいアイデアは古い建物から生まれるが、新しい建物からは新しいアイデアは決して生まれない」という有名な言葉を残しています。

第三の原則は、都市の多様性についてで、都市の各地区は必ず二つかそれ以上の働きをするようになっていなければならない、というものです。住宅地、文教地区、公園、工場、という具合に機能によって整然と区分けしてしまうのではなく、あくまで自然発生的であるべきだと主張しました。ジェイコブスは、当時のアメリカの新しい都市開発は自動車の使用を大前提としてゾーニングを貫徹してしまうので、とても人間が住めるような街ではなくなってしまう、治安も悪くなると真っ向から反対しました。

第四の原則は、都市の各地区の人口密度が充分高くなるように計画するのが望ましい、ということです。人口密度が高いということは、住居をはじめとして実際に住んでみて魅力的な街だということをあらわすからです。

これらジェイコブスの四大原則が、高層ビルの群立や幅の広い道路といった近代都市を否定し、人間的な魅力をそなえた、住みやすく文化的香りが高い都市をつくるために有効な考え方であることは、一九六一年に名著『アメリカの大都市の死と生』（*The Death and Life of Great American Cities*）が刊行されてから半世紀のあいだに、はっきり示されてきたと私は思います。

しかし、日本ではダメでした。ルーヴァン・ラ・ヌーヴの理念とは正反対の、ジェイコブスが批判したアメリカ流の醜悪な街づくりをどんどん進めてしまいました。それを象徴するのが筑波ニュータウンで、かつて私自身も建設省の筑波ニュータウンのレビュー委員会に入っていましたが、筑波ではまっすぐな広い道路、しかも自動車での移動を基本として設計してしまった。それに大学のつくり方自体ひどいもので、学生紛争の後だったせいもあって、できるだけ学生を孤立させ、教師たちとの接触を少なくしようという設計になっている。文部省（当時）の思惑もあったのでしょうが、これではいけません。

だいいち、飲み屋が計画されていなかった。笑われるかもしれませんが、これは案外大事なことで、教授や学生が「社交的な飲み物」であるビールを飲みながら語り合うような場は近所にないといけない。筑波のキャンパスはもともと沼地だったところで、食用ガエルの生産地として有名ですが、地元のお百姓さんが細々と飲み屋をやっているぐらいでツマミはもっぱらカエルの姿焼きでした。大学に泊まると夜中に牛が鳴くようなすごい声がして、私もはじめは何事かと思ったら食用ガエルの鳴き声だった。フランスではカエルは最高の美味で、日本産のカエルは珍重されていますが、味気ないキャンパスでは何とも寂しい気持ちにさせられたものでした。

ヴェブレンの『大学論』

日本で高度成長がはじまった頃の一九五六年八月、私はケネス・アロー教授によばれてスタンフォード大学に行くことになりました。スタンフォードでは、キャンパスのはずれにある山小屋ふうの家に住んでいて、家主はアン・シムズさんという四十歳前後の物静かな品のよい女性でした。

アンさんは私たち家族が住みやすいように何かと気をつかってくださいましたが、ある日、私が経済学の研究をしているというと「私の父も経済学者でした。名前はソースティン・ヴェブレン」というのです。

ヴェブレンはアメリカが生んだ傑出した経済学者の一人で、深遠な思想家、そして鋭い文明批評家でした。私自身、早くからヴェブレンの経済学に傾倒し、彼の制度主義の概念をよりどころにしながら、社会的共通資本について考えを深めてきました。つまりそれは、ヴェブレンの経済学を私なりの言葉で表現したものに他ならないのです。

ジョン・デューイがシカゴ大学哲学科に主任教授として迎えられたのと同じ頃、ヴェブレンは経済学部で講師をしていて、そこでの経験にもとづいて大学論を書いています。大学論は主として一九一六年に刊行された『アメリカにおける高等教育』（*The Higher Learning in America*）のなかで述べられていて、その副題は「もしビジネスマンが大学を経営したらどうなるか」というものでした。つまり、経営的観点を中心にして大学を運営するとひどいことになる、そういう皮肉をこめてヴェブレンは近代文明社会における大学の機能を二つの側面から考えました。

一つは「Idle Curiosity（自由な好奇心）」で、人間に本来備わっている好奇心を探究していくことが大学の目的であって、決してお金を儲けたり、世間的に出世して偉くなったりするためにあるのではない、ということです。

そしてもう一つは「Instinct of Workmanship（職人気質、生産者としての本能）」で、もともと人間はものづくりに対する本能的な熱意をもっていて、ものをつくるときに強制されたり、それによって儲けようと考えたりはしない。

学問も研究も一種のものづくりですから、この二つの本能的性向を深め、知識を蓄積していくことが大学の基本的な役割だというのです。

小・中学校では自由な生き方や能力を育てて、社会的な存在として立派な一生を送れるような基礎をつくろうと唱えたデューイも、高等教育の本質を論じたヴェブレンも、後にロックフェラーによって大学を追われました。しかし、二人はそれから三十年ほどたってニューヨークで「ニュー・スクール・フォー・ソシアル・リサーチ」（The New School for Social Research）という社会科学を中心とする四年制大学をつくりました。

カリキュラムがないのが特徴で、入学した学生はそれぞれアドバイザー役の教授に付いて四年間で自分が何を勉強するのかを考え、自分自身でカリキュラムをつくる。成績もつけず、そこで勉強したという充実感だけをアセット（財産）として、それからの人生を生きていくことをスローガンとする、今も続くすばらしい大学です。

こうしたことは、文部科学省が教育を徹底管理している日本ではまず無理でしょう。官僚の管理下では、政治に従属してしまいます。イギリスでは、サッチャー首相によって市場原理主義的改革が強行される以前は、古い歴史を持ち、アカデミックな面でも財政面においても基盤がしっかりした大学がたくさんあったのに、すっかり状況が変わってしまいました。戦後、官僚に支配されるようになった日本の大学を見ると、慶応にしても早稲田にしても、かつては非常にリベラルで意欲にあふれていたのが、新制大学になってからは厳しく管理されてしまっています。

一九八〇年代に入って間もない頃のことでした。当時私は東大経済学部長をしていて、あるとき向坊《むかいぼう》隆総長に、フランスから来日するパリ大学のシステム責任者と会うので同席してほしい、と頼まれました。パリ大学といえば、十三のフランスのエリート校を集めたもので、その責任者は大臣よりも偉いといわれていました。するとその責任者は開口一番、このようなことを言ったのです。

「東大は偉い。あれだけの紛争があったにもかかわらず、何一つとして改革していない。それに比べてパリ大学システムは、次から次に改革、改革というので、すっかりダメになってしまいました」

フランスの官僚は日本と比べものにならないほど強烈で、改革はアカデミックな視点ではなく政治的な動機と意図にもとづくもので、大学の基本的な理念に反している――

それを聞いた向坊総長も私も、我が意を得たりという心境でしたが、それから間もなく東大も改革の波に巻き込まれ、かつてのようなアカデミックな威信も、リベラルな雰囲気もすっかり影をひそめてしまいました。

とりわけ無念だったのは、アメリカにはじまる市場原理主義の流れが押し寄せてからの変わりようです。学生たちは人間が本来持つべき理性、知性、そして感性まで失い、人生最大の目的はひたすら儲けることだという、まさに餓鬼道に堕ちてしまったのです。その頃から、工学部の学生たちが競って金融機関に就職を希望しはじめたのを見て、向坊さんは心底嘆いてこういわれました。

「工学はもともと、すべての人々が豊かな文化的香りの高い生活を営むことができるように、自然も社会も安定的に持続的に維持できるような社会的インフラストラクチャーをつくるのが目的ではないか。その工学を勉強した学生たちが、ただひたすら金儲けを求めて自分の人生を送ろうとすることほど悲しいことはない……」

しかし、経済学部の同僚の教授は私にこういったのです。

「私のゼミの学生はその多くが大銀行に就職する。それは大銀行に入れば定年になってからも二次的な就職が可能で、生涯所得を最大にすることができるからだ。経済学の基本をちゃんと理解している彼らは、じつに賢明だ」

歴史的スケールの金融恐慌を引き起こした直接要因となったサブプライムローン、それを徹底的に悪用した金融工学、その大きな責任は大学教育にもあるのです。

大学の作られ方

歴史的にみると、ヨーロッパの大学の原点は修道院や主聖堂であり、ギリシャやローマの文化と学問的遺産を学び、それを後世に伝える役割を果たしていました。やがて十二世紀頃になると、学問の研究と教育に関わる自治の原則にもとづいた大学がいくつもつくられていきます。ボローニャ大学、パリ大学、イギリスではオックスフォード、ケンブリッジ両大学が有名ですが、その創立プロセスは、はじめのうちは大学としての体をなしていないのが、少しずつ大学としての形を整えていく歴史的なプロセスがある。ヨーロッパでは王侯貴族が、アメリカでは実業家などが資金を出して支援していることが大きいでしょう。

それと、税制のあり方も大学の運営に大きな影響を及ぼします。欧米には、相続財産を大学などに遺贈すると非課税になる国が多く、相続財産は累進性が高いから、寄付したほうがむしろ得する面もあります。実際、アメリカの大学では卒業生向けに「あなたが死んだとき大学に遺贈すればこれだけお得です」といったキャンペーンがあって、ハーヴァード大学もシカゴ大学も、基金の半分以上をそういう形で集めていたものです。

あるとき、日本ではそういうことが難しい、ということを書いたら、大蔵省（当時）の税制課長から「日本でも遺贈すると非課税になる制度があります」という手紙をもらいました。制度について詳しく説明した文書も送られてきましたが、それによると、大学側は一年間で使わなければならないなど、非常に厳しい制約がありました。だいいち、そういう制度の存在自体、一般には知られていません。

私もアメリカの大学で、遺贈の使途について話し合う委員会に入っていたことがあります。遺贈した人の志や、その人がどういう一生を送ったかまで詳しく検討し、その志に沿うような形で使うことを決めるというかなり気をつかう厳しい営為でしたが、いい緊張感のある委員会でした。

しかし日本では、どこか予算をぶんどるような感じがありました。私は、大学は建物を良くするとダメになる、というジンクスを信じていますが、実際には寄付や予算を多く獲得して校舎を立派にすることに尽力した教授が偉くなる風潮がある。そういう方々はだいたい学問的には評価できない人が多いので、私が東大の教授会でその趣旨の発言をしたところ、いちばん古株の教授が「君、経済学部は建物を新しくしたからダメになったというのか！」と怒りだした。私は「こんな建築基準法ギリギリの建物を、いい建物だと言っていること自体、経済学部荒廃の象徴だ」といい返しました。

それに比べると、明治時代につくられた学校建築にはじつに素晴らしいものが多い。長野県松本市の開智小学校などがいい例で、伝統建築の大工の棟梁が智恵を絞って西洋風の校舎を建てたものです。子どもたちの教育のために村の人たちがお金を出し合い、その土地の大工さんが力を尽くして建築にあたる、それこそ校舎だと思うのです。

「種馬」と「敵」

福沢諭吉やデューイの「競争をしてはいけない」という理念は素晴らしいものです。

子どもは一人ひとり皆ちがうのだから、子どもたちが自由に自分の能力を育て、立派な人間として育つように教育しなければなりません。それを画一的な試験で比較したり、点を付けたりするのは、社会的共通資本としての学校教育の理念から大きく逸脱しています。そんな乱暴なことをするから「落ちこぼれ」が出たり「いじめ」が起きるのだし、だいたい点数で比較することに、いったいどんな意味があるというのでしょうか。

私は大学では「単位が欲しい人にはあげます」といってきました。授業ではいつも問題を出して、一人ひとりの答案を丁寧に読んでいましたから、学生たちがそれぞれ懸命に勉強していることはよくわかっていました。そこで「他の先生の授業の単位もあげます」といったら、さすがに「それだけはよしてくれ」とクレームが出ましたけど。

大学入試センター試験を見ていると「腐った」問題が目について、腹立たしくなります。アメリカでも全国的な統一テストがあって、シカゴ大学ではその結果と色々なランク付けを参考にして入学を決めていましたが、シカゴ大学は大学院大学で、基本的には研究者の道を進みます。しかし、私が選考試験の結果をトレースしてみたところ、成績上位で入学してくる生徒のほとんどが、その後、学者としてはまったくダメでした。そうかといってあまりに出来が悪いのも困るので、ある基準点以下をカットして、点数の悪い順から採ってみたら、優秀な学生が集まるようになったのです。

文部省が大学共通一次試験を導入する際、私は評議員をつとめていました。東大は絶対反対の立場でしたが、それでも共通一次導入が決まり、私がシカゴ大学での経験から「あるところで足切りをして、点数の悪いほうから採るのが良い」と主張したところ、強い反論にあいました。それでは学生を騙すことになる、いい成績をとれば受かるようなイメージを受験生に与えておきながら、実際には悪いほうから採るとすれば倫理的に問題があるという。これには私もなるほどもっともだと納得しました。

結局、共通一次試験は他の国立大学もそろって導入に賛成し、画一的な点数評価をする試験として実施され、センター試験として私立大学も加わって今にいたります。ただ、旧制高校の「ビッテ」ではありませんが、人物と学生生活をきちんと評価して単位をもらえるようなイメージの仕組みが入学選考にも考慮されたらいいと思います。

ケンブリッジ大学を例にとってみますと、傘下に約二十八（女子学生のみが三校）のカレッジがあって拠点となる大学だけが国立、カレッジはすべて私立です。それぞれのカレッジの運営は完全にプライベートな性格をもっていて、フェローたちがすべてを決定します。特に学生の選抜方法は自由にまかされていてカレッジごとに違いますが、カレッジが入学を許可すれば、自動的にケンブリッジ大学の学生になるという仕組みです。

私がいた当時のケンブリッジにはとてもいい奨学金制度があって、家庭の収入が少ない生徒には国からお金が支給され、返す必要がないのです。どの生徒にいくら奨学金を出すかについても、一定のルールの下で各カレッジの判断に委ねられていた。カレッジではシニア・チューターが入学の可否を決めていて、カレッジに来てほしい生徒の家に行ったり、ハイスクールの友人たちと一緒にお茶を飲んだりして、その生徒がどんな人物かを見極めようとしていたものです。

ただ、私自身は、ケンブリッジにもなじめない点がありました。ケンブリッジに残るか、日本に帰るか選択に迫られたとき、そのカレッジが保持していた（あるいはイギリスの大学一般に、といったほうが的確かもしれませんが）二つの属性があって、どうしてもケンブリッジに残る選択ができなかったのです。

一つは、カレッジの自由闊達でアカデミックな雰囲気を支えていたのが、潤沢な基金からの配当だったことです。基金の大部分はかつての英領植民地への投資によってもたらされたもので、ロスチャイルド家が管理を依託されていました。イギリスの植民地支配が人類史のなかでも際立って残虐なものだったことが、頭を離れなかったのです。

もう一つは、カレッジのフェローたちの大半がもっていた、エリザベス女王の騎士として英国を支えている、という意識でした。イギリス王室あるいは国王への強い親近感、大英帝国繁栄への仲間意識は、彼らの言葉の端々にうかがえました。

カレッジではしょっちゅう晩餐会が開かれ、私たちはガウンの正装で出席するわけですが、まずマスターがイギリス海軍式の発音で“To the Queen!”といって、エリザベス女王に杯を挙げ、続いてその日の主賓に杯を挙げます。私のいたカレッジの名目的なヘッドであるエディンバラ公はよく晩餐会の主賓として招かれていましたが、マスターは彼のためには決して杯を挙げようとしなかったので、あるとき理由を訊ねると、憮然としてこう答えたのです。“We are not accustomed to drinking a toast to stud!”（われわれは種馬に杯を挙げる習慣をもたない）

マスターはジョン・コッククロフトといって、湯川秀樹が理論的に存在を証明した中間子を、実際に実験室で原子を割って取り出した有名な物理学者でした。ノーベル物理学賞を受賞し、かなりの老齢にもかかわらず学生のために全力を尽くしてがんばっていました。人間的にも魅力があり、フェローたちの尊敬を一身に集めていた教授のこの発言を聞いて、私はとてもケンブリッジには残れない、と感じました。

イギリスでもアメリカでも大学には長短あるのです。しかし、日本では文部省の影響力が強すぎます。東大の事務方の幹部にも文部省出身者が多くて、教授会で文部省を「敵」と呼びならわしていた私などは、何かといじめられたこともあります。

たしかに、ある意味で官僚は優秀です。自分自身の良心の問題ではなく、組織において決められた仕事を進めるという点では、大学教授とは比べものにならないでしょう。しかし、管理一辺倒ではなく、もっと官僚色を薄めて、大学本来の目的なり機能を大切に考えてほしいのです。私自身、長く東大にいて様ざまに心を遣ってきましたが、結局、そういう状況を改善することは何らできませんでした。独立行政法人化も実施され、日本の大学全体が危機的な状態にあって、それもだんだん悪くなっていくのを見ていると、虚しい気持ちさえわいてしまうのです。

五　数学という永遠の命

末綱恕一先生のこと

古代ギリシャの哲学者ピタゴラスは、南イタリアのクロトンで全寮制の学校のようなものをつくり、数学によって宇宙の神秘をあきらかにしようとしました。彼らが考え出した正十二面体はその象徴的な存在で、それを「十二の五角形を持つ球」として最も聖なる形としました。しかし彼らは、今でいうところのカルト集団みたいな扱いを受けて糾弾され、ついにピタゴラスは殺されてしまいます。

それでもピタゴラスの定理は真理として現代に受け継がれている。永遠の生命をもつ真理の継承、これこそ社会的共通資本のエッセンスだと思います。

けれども数学をやっていた当時、私はとてもそこまで考えがおよびませんでした。戦時中から戦後しばらくは特別研究生という制度があって、兵隊にとられないだけでなく高額の手当がもらえることになっていました（後に全額返却）。

私は東大数学科で弥永昌吉《いやながしょうきち》先生について代数的整数論を勉強するかたわら、末綱恕一《すえつなじょいち》先生に数学基礎論を学んでいました。末綱先生は西田幾多郎の哲学に心酔していて、もともとお寺育ちということもあって、インド哲学とサンスクリットにも精通しており、数学に西田哲学を応用できないかということまで考えるような方でした。

しかし、微分積分にサンスクリットまで登場するので、私などはちんぷんかんぷんで往生したものです。それでも今もよく覚えているのは「無量」という言葉です。無量、すなわち数には限界がない、ということを末綱先生はしばしば口にされました。

それにしても厳しい先生で、分かりません、などと言うと、チョークは飛んでくるわ怒鳴られるわで、学生たちは「恕一」ではなく「怒一《どいち》」と呼んでいました。それでも末綱先生は人間的な魅力のある方で、半ばはやさしい奥様の手料理が目当てとしても、学生たちは先生のお宅にもよくお邪魔していました。

私もその一人でしたが、やがて国民の大部分が貧困と飢えに苦しむ戦後の世の中を見ているうちに、数学が貴族趣味的なものに思えてしかたがなくなってきたのです。私が経済学に転じることを決意し、それを末綱先生に告げたときのことでした。先生は「ばかやろう!」と割れるような大声でどなり、お前は自分が一番得意なことをやめて、一番不得意なことに手を出そうとしている、ということをいわれました。

しかし私は、医学が人間の病を癒す学問であるとすれば、経済学は社会の病を癒す学問であると自分に言い聞かせて、経済学の道に移りました。末綱先生の奥様がとりなしてくれたこともあって、どうにか先生の鉄拳をくらわずに経済学へ進むことを許していただきましたが、あれから六十年以上たった今でも、数は無量、人間はいつも謙虚な心で問題にあたるべきだ、そうした先生の教えは心に残っています。

『好きになる数学入門』への思い

数学が対象としているのは、数、空間、時間という自然の要素のあいだに存在する神秘的な法則を明らかにすることです。この自然の法則は決して人間の手によって変えたり、細工したりすることはできません。数学を学ぶというのは、厳然として存在する自然の法則を理解し、学ぶことにほかならず、すぐれた数学者がみな謙虚な人柄で謙譲の心を忘れないのは、こうした数学の本質に関わるところが大きいように思います。

私が数学を大切な社会的共通資本の一つと考えるようになる過程で、もう一人、忘れがたいのが岩波書店の優れた編集者宮内久男さんです。今から十年ほど前、五十歳の若さで世を去りましたが、彼の志はずっと私の心に残っています。友人たちが彼を偲んで編集した『宮内久男　追思集』に、私は次のような文章を用意しました。

＊

宮内君と親しくなり、しょっちゅう会って、語り合うようになったのは、一九九〇年代に入って間もなくのことだった。私はその頃から、教育、医療、そして地球環境を中心として、社会的共通資本の考え方の外延的拡大のために研究的営為の大部分を充てていた。（中略）

私の、この言葉に対して、宮内君が言った。「同じことは、社会的共通資本としての数学についても言えるのではないだろうか。ピタゴラスの定理に象徴されるように。」

宮内君の、この言葉は私にとってまさに天啓ともいうべき意味をもっていた。

ピタゴラスは自らつくった世界最初の大学を、オウム真理教を彷彿とさせる狂信的な集団に破壊され、追われて、殺されてしまうが、ピタゴラスの定理は永遠の生命をもって現在に受けつがれている。社会的共通資本としての数学というとき、数学が何故、永遠の生命をもって、過去から現在、そして未来につながっているのか、その制度的、経済的、社会的、そして文化的諸条件を明らかにしようとするものである。

いまになって思うと、宮内君はすでに、自らの短い、悲劇的な人生を予感していたのではないだろうか。

それからしばらくして、宮内君から『好きになる数学入門』を執筆しないかという提案があった。中学一年、二年から高校の高学年の子どもたちを念頭に置いて、数学の考え方をできるだけやさしく解説する。算数のごく初歩的な知識だけを前提として、一歩一歩ていねいに説明し、問題をできるだけ多く用意する、しかも全六巻という大部である。私にとって気の遠くなるようなプロジェクトであったが、社会的共通資本としての数学を具現化したいという宮内君の志に感じて、私は即座にお引き受けした。

社会的共通資本としての数学の考え方を、やさしい言葉で、子どもたちにどう伝えたらいいのか、また、その具体的なプログラムをどのようにつくったらいいのか。宮内君と何度も相談して、その基本的な考え方を『好きになる数学入門』の「はしがき」としてまとめた。「はしがき」は宮内君の考え方を私の名前で文章化したものであるといっていい。宮内君の追思も兼ねて、主な部分を再録することをお許し願いたい。

「はしがき」

『好きになる数学入門』（全六巻）は中学一年、二年から高校の高学年のみなさんを念頭に入れながら、数学の考え方をできるだけやさしく解説したものです。算数のごく初歩的な知識だけを前提として、一歩一歩ていねいに説明してありますので、社会に出た大人の人も理解できるのではないかと思っています。

この『好きになる数学入門』は、みなさんが数学の考え方をたんに知識として理解するだけでなく、数学の考え方を使っていろいろな問題をじっさいに解いたり、また必要に応じて新しい考え方を自分でつくり出せるようになることを目的として書きました。その内容も、数学の考え方を体系的に説明するのではなく、いろいろな数学の問題をどのような考え方を使って解くかということが中心となっています。みなさんの一人一人ができるだけ数多くの問題をじっさいに自分で解くことを通じて、数学の考え方を身につけることができるように配慮してあります。

数学を学ぶプロセスは言葉を身につけるのと同じです。母親は生まれたばかりの赤ちゃんに対して絶えず話しかけます。赤ちゃんが母親の言葉を理解できないのはわかっていますが、母親はそれでも、赤ちゃんがおもしろいと思い、興味をもてそうなテーマをえらんで、愛情をもって絶えず話しかけるわけです。赤ちゃんもそれに応えて、できるだけ母親の言葉を理解しようとし、また不完全ながら自分で話すことを練習し、努力を積み重ねて、やがて完全な言葉を身につけてゆきます。数学を学ぶプロセスもまったく同じです。この『好きになる数学入門』も、みなさんがおもしろいと思い、興味をもつことができそうな問題をできるだけ数多くえらんで、いろいろな数学の考え方を説明すると同時に、みなさんが自分でじっさいに問題を解くことを通じて、「数学」という言葉を身につけることができるようにという意図をもって書きました。

数学は言葉とならんで、人間が人間であることをもっとも鮮明にあらわすものです。しかも文学や音楽と同じように、毎日毎日の努力を積み重ねてはじめて身につけることができます。この点、数学は山登りと同じ面をもっています。山登りは自分のペースに合わせて、ゆっくり、あせらず、一歩一歩確実に登ってゆくと、気がついたときには信じられないほど高いところまで来ていて、すばらしい展望がひらけています。数学も、決してあせらず、一歩一歩確実に学んでゆくと、とてもむずかしくて、理解できないと思っていた問題もすらすら解けるようになります。この『好きになる数学入門』の最終巻の最後の章では、太陽と惑星の運動にかんするケプラーの法則からニュートンの万有引力の法則を導き出すという有名な命題を証明します。この命題から輝かしい近代科学が生まれたわけですが、その証明はたいへんむずかしく、ニュートンの天才的頭脳をもってしてはじめて可能になったものです。しかし、このシリーズをていねいに一歩一歩確実に学んでゆけば、ニュートンの命題の証明もかんたんに理解できるようになります。

『好きになる数学入門』はつぎの六巻から構成されています。

一　方程式を解く——代数
二　図形を考える——幾何
三　代数で幾何を解く——解析幾何
四　図形を変換する——線形代数

五　関数をしらべる――微分法
六　微分法を応用する――解析

（中略）私は数学ほどおもしろいものはないと思っています。すこし見方を変えたり、これまでと違った考え方をとると、まったく新しい世界が開けてきて、不可能だとばかり思っていた問題がすらすら解けるようになったり、それまで気づかなかった大事なことに気づくようになったりします。しかも数学の世界は美しく、深山幽谷にあそんでいるような気分になります。数学の世界の幽玄さは音楽にたとえられることがよくあります。

数学はまた、たいへん役にたつものです。数学が役にたつというと、みなさんは、計算をうまくして、もうけを大きくすることだと考えるかもしれませんが、それとはまったく違ったことを意味しています。数学の本質は、そのときどきの状況を冷静に判断し、しかも全体の大きな流れを見失うことなく、論理的に、理性的に考えを進めることにあります。数学は、すべての科学の基礎であるだけでなく、私たち一人一人が人生をいかに生きるかについて大切な役割をはたすものだといってもよいと思います。

この『好きになる数学入門』は、みなさんの一人一人がほんとうに数学を好きになってほしいという思いを込めて書いたものです。みなさんのなかから、このシリーズを読んで、数学を好きになり、さらにさきに進んで、数学の高い山々を目指す人が一人でも多く出ることを願って止みません……。

それからの数年間、私は全力で『好きになる数学入門』の執筆に当たりました。ところが、第Ⅰ巻と第Ⅱ巻の原稿ができあがった段階で、内容がいかにも難しいことにわれながら辟易《へきえき》してしまったのです。そこで宮内君の提言で、この二冊の内容を小学五、六年の子どもたちにも理解できるように書き直して『算数から数学へ』として、出版することになったのです。

しかし、宮内君はその頃から入退院を繰り返すようになり、会うこともできなくなりました。『好きになる数学入門』の第Ⅰ巻が出版されたときには宮内君はすでに亡く、私はスウェーデンにいて葬儀にも出席できなかった。それが今も心に重く残っています。『好きになる数学入門』全六巻の出版が完結したのは、それから三年近く経ってからでした。そのとき私ははじめて、宮内君との約束を無事に果たし終えた、という安堵感をもつことができました。売れ行きもよく、各巻とも毎年必ず再版が出され、しかも子どもたちだけでなく年輩の方のあいだに読者が多いということほどうれしいことはありません。

私はいい本屋を回って歩くのが趣味で、私の考える「いい本屋」とは、店の真ん中に『好きになる数学入門』全六巻を並べてある本屋のことです。華やかな装丁とゆったりとした本造りを見ながら、私は、宮内君との楽しかった協同的営為を思い出します。それが終末期に近づく「後期高齢者」の私にとって、まさに至福のときでもあるのです。

六　天与の自然、人為の経済

水俣病の記憶

経済学がはじまって以来、自然環境を扱うことはタブーとされてきました。もともと自然環境は天から与えられたもので、人間がつくったものではありません。人間は森から木を伐り出し、海や川から魚介を獲り、それによって経済的な生活を営むことができますが、森、川、海など自然の価値は、そこからどれだけ経済的メリットを受けることができるか、という一つの要素に過ぎなかったのです。

一九七〇年、十数年ぶりに日本に帰ってきて間もない私は、はじめて水俣の地を訪れました。熊本大学の若い医学者原田正純《まさずみ》さんに連れられて胎児性水俣病の患者に接し、その母親の悲しみをみたときの衝撃は、今も忘れることができません。私が知らずにいた高度経済成長の陰の部分を直視させられた経験は、それまでの経済学に対する私の考え方を根本からくつがえし、人生観まで変えたと言っても過言ではないでしょう。

かつて水俣の海は、魚が湧き出す、といわれるほどすぐれた漁場でした。風光明媚な自然につつまれ、訪れる人々の心をなぐさめる景勝地でもあった。その素晴らしい自然のなかで人々は漁業という生業に従事し、経済的にもたいへん豊かな、人間的にも文化的にもすぐれた平和な生活を営んでいました。それがチッソという一企業の行為によって、美しい水俣湾は完全に破壊され、わかっているだけで数万人が水俣病に苦しみ、その地で漁業をつづけることさえ困難になった。チッソは長いあいだ、営業の名のもとに水俣湾を自由気ままに汚染する犯罪行為をおこなったのです。

水俣の公害問題は、自然環境というのは所有権がはっきりしていないのだから、企業がどれだけ利用しても、どれだけ汚染してもかまわない、という考え方が引きおこしたものです。しかし、水俣湾という自然は、決して自由財あるいは公共財ではありません。

有史以来、地元の人々にとって共通の財産として大切にあつかわれ、海を汚すことはきびしく禁止されていた。そこで魚を獲って生計を立てる人たちは、海を神聖なものとして尊崇してきたのです。

つまり、社会的共通資本としての水俣湾をチッソは勝手に使い、徹底的に汚染し、破壊しつくした。それによって数多くの人々が脳神経の中枢を冒され、言語に絶する苦しみを味わってきました。

「水俣病患者をみると、これが犯罪でないのならば、ほかに犯罪がありうるものかという感想をなんびとでも抱くであろう」

これは、惜しまれながらも若くして世を去った刑法学者の藤木英雄氏が、名著『公害犯罪』（東京大学出版会、一九七五年）のなかで残した言葉です。

水俣病をはじめとして全国の公害問題にかかわるなかで、私はそれまで専門としてきた近代経済学の理論的枠組みの矛盾、倫理的欠陥をつよく感じざるを得ませんでした。そして数多くの公害の人間的被害の実態を分析していく過程で、その原因を解明し、根源的解決の道をさぐることができるような理論的枠組みとして到達したのが、社会的共通資本という考え方だったのです。

所有関係には私有のものもあれば、公有もあり、国有もあります。それはマルクス経済学にも近代経済学にも共通していますし、私自身、かつては経済学者の通例として、すべて所有関係でものを考えてきました。しかし、それだけでは森林や海のような自然環境をうまく、持続的に管理していくのは不可能です。日本でも、明治の近代化の過程で急速に壊されてしまった入会《いりあい》制度のように、皆で相談して大切に使い、次の世代に伝えていく、つまりコモンズの精神を取りもどす必要があると思うのです。

「環境」と「経済」の関係

この四十年近くのあいだに「経済」と「環境」の関係には本質的な変化が起きつつあり、そのことは二つの国際会議に象徴されています。

環境問題が世界的にクローズアップされるようになったのは、一九七二年に開催された第一回国連人間環境会議（通称ストックホルム会議）がきっかけでした。一九六〇年代、何も歯止めがないまま急速に進んだ工業化と都市化がその背景にありました。当時は世界各地で公害が報告されはじめ、スウェーデンでもじつに一万を超える湖で魚が死に絶え、周辺の森林までが枯れるという現象が起きていたのです。

政府が主導した科学的調査の結果、イギリスや東ドイツ、ポーランドなど東欧諸国の工業活動がもたらす酸性雨が原因となっていることが明らかになりましたが、このような環境問題は一つの国だけではなく、世界各国が一緒になって考えなければ、とても解決できません。スウェーデン政府が、公害問題をテーマとする大がかりな多国間会合を提案したのはそうした理由からでした。

日本の水俣病やイタイイタイ病、四日市ぜんそく、新潟水俣病に象徴されるように、公害というものは、産業活動によって自然環境のなかに排出される化学物質によって引きおこされます。産業廃棄物は二酸化窒素、硫黄酸化物、有機水銀など、それ自体が有害かつ有毒な物質で、人々の健康を害し、そして広く生物に被害を与えます。

ストックホルム会議には日本から水俣病の患者さんたちが出席し、はじめて水俣病患者を目の当たりにした世界の人々は大きなショックを受け、「ミナマタ」の名は一気に世界に広がりました。この頃には、日本でも環境庁（現在の環境省）が発足し、政府として公害問題に取り組もうという動きが生まれていました。そして有害な物質に関する排出規制がつくられ、完全とはいかないまでも、公害問題を解決する方向へ向かうことになったのです。

しかし、一九八〇年代に入ると、地球温暖化が新たな環境問題として浮上しました。雨の多い地域ではより多く、雨の少ない地域ではより少なく、といった降水量の変化や海流の変化と海面の上昇、さらにはヒマラヤの氷河の融解、南極最大のロス棚氷《たなごおり》から巨大な氷の棚が崩れ落ちるなど、まさしく目に見える危機として取り上げられるようになってきました。その他、ハリケーン、台風、サイクロンのルートや強さにも変化が生まれ、その原因は地球の平均気温が急激に上昇していること、すなわち地球温暖化であることが科学者たちによって解明されてきました。

石炭、石油、天然ガスなど化石燃料の大量消費を中心とする人類活動によって、大気中の二酸化炭素の濃度は産業革命当時に比べて二五パーセント、温室効果ガス全体でじつに五〇パーセントも上昇しています。今世紀の中ごろにはその約二倍になり、平均気温は二〜三度上昇すると予測されています。現在のペースで人口が増え続ければ八十億人になると予想される一方で、気候変動による農業への影響、食料不足が最大の問題となるのはさけられない状況です。

ストックホルム会議で中心テーマとなった公害は、原因が特定しやすく、政府と国民にその意思があれば、比較的解決しやすい局所的なものでした。しかし、地球環境全体にかかわる温暖化や生物多様性となると、解決の道筋を作るのは容易ではありません。

一九九二年、ブラジルのリオ・デ・ジャネイロで第三回国連環境開発会議が開かれ、地球温暖化と生物多様性の保全、海洋汚染など地球環境問題への対策が検討されましたが、これに先立つ一九九〇年、世界各国から経済学者が集まって、世界の環境問題、とりわけ地球温暖化と生物多様性保全に関して話し合う場がもうけられました。開催地にちなんでローマ会議と呼ばれるもので、これが一つの出発点となったのです。この会議で私が発表した基調論文の骨子は、次のようなものでした。

「地球環境、特に大気はすべての生物にとって共通の大切な財産であるが、二酸化炭素の大量排出によって安定性が崩され、世界各地で問題を起こしている。二酸化炭素は植物が生育するためには欠かせず、動物が呼吸し生きていくかぎり、必ず排出される。あるいは、植動物が死ねば炭素の固まりになる。これら一つ一つの行為は重要かつ有用な役割を果たしているが、他方では、世界全体に非常に大きな被害をもたらしている。大気というのは人間にとって一つの重要な社会的共通資本であり、安定して維持されなければならない――」

そのための具体的な対策としては、排出される炭素一トンあたりで一定の金額を課税することを提案しました。この「比例的炭素税」の基本的な考え方は、それぞれの国が持続的に経済発展できるよう、適切な水準で課税しようというものでした。

それと同時に提案した大気安定化国際基金構想は、大多数の経済学者から賛同と支持を得ることができました。簡単にいうと大気安定化国際基金とは、各国政府が比例的炭素税の税収から一定割合を拠出して、それを一定のルールの下で発展途上諸国に配分し、熱帯雨林の保全、農村の維持、代替エネルギーの開発など地球環境を守るために生かそうというものです。

しかし、当時アメリカの研究者たちは、炭素は排出されてから一週間程度で地球を一周するので、地球上のどこで排出されてもその影響は同じであり、世界一律に課税するべきだと主張していました。そして炭素の安定化を図るには、一トン当たりどうしても百五十〜二百ドル必要だと主張していたのです。

ただ、日本やアメリカのように一人当たりの年間国民所得が三〜四万ドルの国なら、八百〜千二百ドル程度の負担はそれほど大きくないとして、フィリピンやインドネシアのような途上国では状況が違いすぎます。途上国では、薪の使用などで一人当たり年間約一トンの炭素を排出しますが、三百ドル程度の国民所得から炭素税で百五十〜二百ドルをとられてしまうと、生活も経済も成り立たなくなる。当然ながら、途上国はアメリカが主張する炭素税には強く反対していたのです。

そこで私が提案したのは、それぞれの国の所得水準に合わせて課税する「比例的炭素税」という考え方でした。この方法ならば、アメリカは二千ドル、日本が九百ドル、フィリピンで三ドル、インドネシアでは二ドルで済む。これなら途上国も参加できます。スウェーデンや西ドイツ（当時）の経済学者から、この「比例的炭素税」を世界共通の温暖化対策にしようという動きが起こり、それが一九九七年の気候変動枠組条約第三回締約国会議（COP3＝京都会議）につながりました。

エネルギー消費大国の横暴

　ところが京都会議では、アメリカの経済学者は、比例的炭素税はおろか炭素税についてさえ議論のテーブルに載せることに反対しました。京都会議は戦後の日本で開かれた最も大きな国際会議でしたから、政府の威信もかかっていた。しかし結局、日本はアメリカに妥協してしまい、炭素税については提案することもできなかったのです。

　アメリカではペンシルバニア州の山奥や南部の貧しい州に、質の低い石炭が無尽蔵に埋蔵されています。それが地域経済を支えると同時に、安い電力を供給することでアメリカの国際競争力を維持している。それに加えて、アメリカ社会は極端なエネルギー浪費型です。たとえばロサンゼルスへの通勤圏は関東平野と同じぐらいの広さがあって、朝ダウンタウンまでドライブして、夕方また家まで車で帰っていくのが当たり前です。当然ながら一人当たりでも膨大な二酸化炭素を排出していますが、そこに一ドルであれ二ドルであれ炭素税をかけることになったら、大きな政治問題になってしまう。だからアメリカ政府は炭素税の導入に強硬に反対し、拒否権を発動したわけです。

炭素税に代わって、アメリカの経済学者が持ち出したのが排出水準の削減でした。二〇一二年までに一九九〇年比で日本が六パーセント、アメリカが七パーセント、EUが八パーセントの二酸化炭素を削減する。これが京都会議の最も重要な合意でした。

しかし、削減目標を掲げることはできたとして、それを実現するための具体的な政策的手段は何も用意されていませんでした。それはさておいても、実現できなくても、何らペナルティがないことがもっと問題です。実際、京都会議以降、日本の二酸化炭素排出量は逆に八パーセントも増えていますから、二〇一二年までに一九九〇年に比べて十数パーセントも削減するなどできるわけがありません。それでもペナルティはないというのですから、まったく異例の国際合意といわざるをえないのです。

そのうえ、アメリカの強硬な主張によってなされた国際合意であるにもかかわらず、その後のブッシュ政権は、自国経済にダメージを与えるという理由で、京都議定書から一方的に脱退してしまった。国際信義に反する前代未聞の行為によって、京都会議でアメリカに定められた削減目標は反故《ほご》にされてしまいました。

紆余曲折の末に決まった京都会議での数値目標を炭素税に置き換えるとどうなるか、

日米で複数の経済学者たちが計算を試みたことがあります。正確な数字を出すのは困難なのであくまで試論的数字ですが、日本ではどれだけ少なく見積もっても一トン当たり三百~四百ドル、アメリカは多く見積もっても二十~三十ドルという結果でした。

なぜ、これほど大きな差が出るのでしょうか。オイルショックをきっかけに懸命に省エネを進めてきた日本にとって、さらなる温室効果ガス削減にどれだけ痛みを伴うか、それを象徴するのが三百~四百ドルという炭素税の大きさです。一方、省エネには無関心で、都市でも農村でも、そしてほぼ全産業にわたってエネルギー消費に突き進んできたアメリカでは、たった二十~三十ドルの炭素税ですむという。労する者は救われず、怠ける者は救われる、という矛盾がはっきり現れています。

京都会議の準備中、アメリカが炭素税を議論の俎上に載せることに激しく抵抗したのは、炭素税の視点から数値目標を考えると、著しい社会的不公正が白日の下にさらされるのを怖れたからでした。

結局、私たち経済学者がローマ会議で提案した、すべての国の安定的かつ持続的な発展を可能にする「比例的炭素税」という制度は完全に無視されてしまった。しかもアメリカはそれに代えて、排出権取引というとんでもない方法を提案したのです。

排出権取引というのは、目標を上回る削減をした場合に、それをあたかも努力によって獲得した権利とみなして、マーケットを通じて排出権を売買することで金儲けをしようということです。つまり、京都会議は実現不可能な数値目標を提示したにすぎず、それ以降、「排出権取引」という経済学的にも倫理的にも大きな問題のある考え方を中心として動いていくことになりました。

排出権取引の反倫理性

排出権取引は、京都会議で提起された地球温暖化対策のなかで最も喧伝され、また現実に実施もされています。しかし、地球温暖化という人類共通の問題に対処するとき、この制度ぐらい反社会的で非倫理的なものはないと私は考えています。排出権取引市場というものの性質を明確にするために、ここで簡単な仮想例を考えてみます。

いくつかの経済主体のあいだで、二酸化炭素排出量の割当てについて交渉をするとします。しかし、地球温暖化対策を考えるとき、排出量の枠をどう決めたらいいか、という問題はもっとも重要かつ困難なことです。というよりも、a priori（事前）にその大きさを決めることは本質的に不可能でさえある。決して各国が国益をむき出しにして交渉する場で決めたり、具体的な政策あるいは制度の裏付けもないまま、単なる政治的なスローガンとして掲げたりするべきではありません。

よりイメージをわかりやすくするために、aggressive（積極的）なA国と、decent（謙虚）なD国があるとして、この二国の全排出量が十億トンに決まったとします。この十億トンの配分について二国間で交渉がおこなわれ、Aに八億トン、Dには二億トンが割り当てられます。この前提のもとで排出権取引市場が開かれ、市場均衡を求めて取引がおこなわれた結果、Aは七億トン、Dの排出量は三億トン、二酸化炭素排出権の市場価格が百ドルになったとします（ちなみに市場均衡は、もっぱら各国の実質的な経済的、技術的条件、そして全排出量の枠によって決まってくるものであり、決して排出権割当ての初期条件によって影響を受けるものでないことを指摘しておく）。

結局、Dは国から一億トン分の二酸化炭素排出権を購入する、つまりAに百億ドルを支払うことで、それぞれ最適と考える経済活動を実行に移すわけです。

しかし、よく考えてみるとこれほど非倫理的で、社会正義の感覚に反した制度はありません。DがAに対して百億ドルの支払いをせざるを得なくなったのは、最初のD＝二億トン、A＝八億トンという割当てがおかしかったからで、Aが交渉の過程でaggressiveに行動して、その経済活動の水準に相応《ふさわ》しくない排出量八億トンを獲得し、Dはdecentに行動したことで二億トンしか割当てをもらえなかったからです。

これと同じような状況は、それぞれの国における、それまでの二酸化炭素の排出実績を基準として決めるケースについても当てはまります。すでに実行に移されているケースはもちろん、計画中のものもすべて基本的には過去の実績から何パーセント削減するかというかたちで決められているからです。

Aは、これまで二酸化炭素排出を抑制する政策を、ほとんどとってきませんでした。質の悪い石炭を豊富に産出し、エネルギー価格を安く抑えてAの産業を支えてきました。極端に自動車中心の都市構造とライフスタイル、超エネルギー浪費型の経済社会がAの象徴です。これに対してDは民間企業を中心として省エネ対策にずっと力を入れてきたこともあって、Aの二酸化炭素排出量はDの五倍近く、GDP当たりで一・五倍となっているると想定します。

この状況で当初の二酸化炭素排出割当てがA：九億トン、D：一億トンに決められ、この前提にもとづいて排出権取引市場が開かれるとしたら、その市場均衡は右の場合と同じでAは七億トン、Dの排出量は三億トン、二酸化炭素排出権の市場価格が百ドルだから、今度はDはAに対して二百億ドルを支払わねばならなくなります。

つまり二酸化炭素排出抑制のために何もせず、怠けに怠けてきたAが報われ、省エネに全力をつくしてきたDは、大きな損失をこうむってしまう。これが排出権取引市場というものの本質であり、現実として、気象条件の不安定化と地球温暖化をくいとめるために有効な対策たり得ないことははっきりしています。

近代文明から自然の摂理へ

自然環境は、社会的共通資本として最も重要です。人間はもちろん、あらゆる生物は自然環境のなかで生きていくものだからです。京都会議が計画されているころ、私の先生でもあるケネス・アローが中心となって、地球温暖化や生物多様性の保全など、リオ・デ・ジャネイロ会議で提起された問題について、経済学的視点からだけではなく社会的、倫理的な視点から考えようとする大きな研究グループをつくりました。

一九九四年にケニアのナイロビで開かれたIPCCの「気象変化に関する倫理的、社会的考察」のコンファレンスで発表された、カナダの環境に関する研究所の指導的研究者にあったハイデンリッッヒが、基調講演で次のような話をしました。

「地球温暖化や生物多様性の保全といった地球規模の問題は、もとをただせば近代文明の考え方に沿って人間の活動がおこなわれてきたためだ。自然の摂理にしたがって生きるのではなくて、自然をできるだけ人間の都合のいいように使い、そこからできるだけ大きな利益を得るという、近代科学の原点ともいうべきデカルトやベーコンの考え方にそもそもの原因がある――」

ハイデンリッッヒは、シアトルに暮らす先住民族の族長の「白人は夜やってきて土地を盗み、それを売って儲ける。儲かるものなら自分の母親さえも売ってしまう」などの言葉を引きながら、「われわれは、アメリカの先住民族であるインディアンの考え方や知恵を学ぶべきだ。自然の摂理にしたがい、自然と共存して暮らすことが大事だ」と述べました。それを聞いた議長のアローは、すでに私たち経済学者の出る幕ではない、とため息をついたものです。

京都会議では、こうした知恵も比例的炭素税も無視され、有効性のない政治的スローガンとしての数値目標、排出権取引という非倫理的な制度が中心テーマとなりました。しかしそれ以降、地球温暖化、生物多様性という問題はいっそう深刻になるばかりで、自然を大切にして、自然とともに生きるという考え方を、政策的、制度的にうまく取り入れることが必要だという考え方が、世界的な流れとなりつつある。そうした大きな流れがアメリカではオバマ政権、日本では政権交代につながったともいえるでしょう。

しかし、オバマ政権の経済政策はそれを裏切るものでした。オバマ大統領その人は、政治家たるにふさわしいキャリアをもっていると思います。コロンビア大学を出て地元の貧民街にあるセツルメントハウス、教会が運営する救貧院のようなところで困窮している人たちのために働き、その経験から今度はハーヴァードのロースクールで学んで弁護士となって地元へ戻り、それをベースにして政治家になった。社会的弱者のことをじゅうぶんに分かっているはずの彼が、なぜラリー・サマーズのような人間を経済政策の責任者（国家経済会議委員長）に据えたのか、私にはおよそ解《げ》せないのです。

サマーズはポール・サミュエルソンとケネス・アローという偉大な経済学者ふたりを叔父にもち、「銀のスプーンをくわえて生まれてきた」とも評されます。しかし私は大いに異論があります。

彼は世界銀行のチーフエコノミストだった一九九一年、公害問題について「ロサンゼルスで一人の人間が公害によって死んだとすれば年間三万ドルの損失になる。しかしフィリピンやインドネシアなら三百ドルですむ。だから公害を出すような企業は低開発国で事業をおこなうべきだ」という趣旨の内部通達を出したことがグリーンピースによって暴露され、世界中から顰蹙を買いました。私はそのとき世界銀行のコンサルタントをしていましたが、結局サマーズは職を追われました。そのあと彼は財務副長官、財務長官をへてハーヴァード大学の学長になりますが、ここでも「女性は数学ができないから、研究者には向かない」と発言して批判され、またも辞任に追いこまれています。

むしろうってつけの人物はジョセフ・スティグリッツ（五五頁参照）だったでしょう。スティグリッツは知性と良識を兼ねそなえた経済学者で、サマーズが辞めたあとの世界銀行でチーフエコノミストとしてすばらしい業績をあげています。

一方、日本の鳩山政権も大きな期待のなかで誕生し、地球温暖化の問題について「二〇二〇年までに一九九〇年の水準に比べて、二酸化炭素を二五パーセント減らす」と国連で演説して世界から賞賛されました。しかし、ではいったいどうやって二五パーセントもカットするのか、また二五パーセント削減が日本にとって本当に良いことなのか、という根本的な疑問には何も答えがなく、非常に失望を感じました。

もともと私たちが暮らす日本は、海の生物の多様性においては世界で最も高い国で、非常に豊かな水産資源に恵まれています。しかし、日本列島の海の生物多様性は二十世紀を通じて、とりわけ第二次大戦後の六十年余りで劇的に損なわれつつあります。

生態学者の加藤真は『日本の渚　失われゆく海辺の自然』(岩波新書)のなかで、かつての生命にあふれた干潟や海浜などがコンクリートや護岸に姿を変え、決定的に壊されてきたその構造を明らかにしています。戦後長きにわたって、自民党支配による問題ある政策が採られてきた結果だとは思いますが、地球温暖化や生物多様性の保全などの世界的な問題については、日本としても、世界の多くの国から支持される理性的な政策を打ち出すべきだと思います。

この点においても、比例的炭素税の考え方は新興国、途上国すべてに適用できます。中国とロシアが参加しない限り、地球全体の問題について効果ある解決策を見出すことは難しいのですから、そうした立場からリーズナブルな主張を展開していくべきではないでしょうか。

生物多様性

地球の大気の安定性と、生物多様性の保全とは非常に深くかかわっています。なぜなら生物多様性の原点とは、地球の大気の環境が、生物が快適に多様な生き方をすることができるよう、摂氏十五度という温度に保たれていることだからです。これこそ神の摂理というべきものであり、地球ほどバランスのよい組成を持った大気は、おそらく宇宙に存在しないといわれます。

生物多様性という言葉に象徴される、美しく豊かな自然。そのなかで人間が自然と調和して暮らしていくというバランスが、戦後、特に京都会議を契機として、大きく崩されてきていると感じます。

二十世紀に入って、地球温暖化、生物の多様性喪失という、おそらくはこれまで人類が直面したなかでもっとも深刻な課題が、ダモクレスの剣のように私たちの頭上に迫ってきている。十八世紀後半の産業革命をきっかけとして展開されてきた、近代科学を基礎とする技術への盲目的な信頼、それと新古典派経済学にもとづく社会的、経済的条件を是とするような非人間的生き方、倫理的偏向がその原因です。

ブラジルの優れた研究者ユージニオ・ダ・コスタ・エ・シルヴァの論文『生物種の多様性と知的所有権』には、次のようなことが書かれています。


アメリカの製薬会社が開発する新薬の七五パーセントは、次のようなプロセスでつくりだされている。製薬会社が数多くの専門家を、アマゾンの熱帯雨林で暮らす少数民族の集落へ送る。彼らは集落の長老あるいはメディシンマンを訪ねて、伝承的に受け継がれてきた医療技術を聞く。長老やメディシンマンのなかには一人で五千種類にもおよぶ治療法を知っている人もいて、彼らにアマゾンに生息する動植物や微生物、土壌や鉱物について、どのような症状や疾病、障害にどう使えばいいかを尋ねる。専門家はこれらのサンプルを本国へ持ち帰り、ラボラトリーで化学分析をして、人工的に合成して新薬として売り出す。

近年、アメリカの製薬会社の多くが莫大な利益を上げているが、そのかなりの部分が、このような形でおこなわれる新薬開発によってもたらされている。そこでブラジル政府は、アメリカの製薬会社がアマゾンの長老たちに特許料を支払う制度をつくったが、長老たちはこぞってその受け取りを拒否するという。その理由は、自分たちのもっている知識が人類の幸福のために使われることぐらいうれしいことはなく、その喜びをお金に代えるようなさもしいことはしたくない、というものであった。

あくどく利潤を追求してやまない市場原理主義的な企業のあり方と、アマゾンの長老たちのすがすがしい人間的な生き方との鮮明な対照こそ、現代文明の病理現象である地球環境問題を生み出したものです。地球温暖化と同じように生物多様性をめぐっても、国際間で様ざまな利害対立があるのが現実ですが、二十一世紀においてこの問題の根源

154

的な解決につながる、暗夜の星のようなエピソードではないでしょうか。

　アフリカのある種族のあいだでは「自然」「文化」「宗教」が同じ言葉だといいます。自然の恩恵は、アマゾンやアフリカのような自然に生きる人びと、農の営みにたずさわる人びとにとって大切なもので、それを売って儲けるなどということは考えられないのです。森を守ることは神聖なことであり、自然環境は人間の生存に不可欠なばかりでなく、人びとの経済的、文化的、社会的活動のために重要な機能を果たしています。自然とともに生きる人、農の営みにたずさわる人はそのことをよく知っているのです。

七　人類と農の営み

戦後農政の矛盾

農の営みは、人類の歴史上、過去も将来においても基幹的な地位を占めつづけることはまちがいありません。およそ一万年前、人類がはじめた農の営みは、小麦にはじまり、稲を栽培し、農耕による食料の生産によって人口の増加を支えてきました。

農の営みは、経済的、産業的範疇のなかでとらえる農業をはるかに超えて、すぐれて人間的、社会的、自然的な意味をもっています。つまり、人間が生きてゆくために不可欠な食料を生産し、衣と住についてその基礎的な原材料を供給し、さらに、山、森林、川、湖沼、海、土壌のなかに生存する多様な生物種を守りつづけてきたのです。

そして農の営みは、自然環境をはじめとする多様な社会的共通資本を持続的に維持しながら、人類が生存するためにもっとも大切な食料を生産し、農村という社会的な場を中心として、自然と人間との調和的な関わり方を可能にすることで、文化の基礎をつくり出してきました。

こうした意味で、農村自体も一つの重要な社会的共通資本であることはいうまでもありません。どの国をみても、人口のある一定の割合が農村で生活していることが、社会的安定性を維持するために不可欠になっています。社会的安定性を保つために必要な農村人口の割合は、国によって、また経済的な諸条件の変化によっても変わりますが、さしあたって日本の場合は、二〇～二五パーセント程度が望ましい農村人口の比率といっていいでしょう。そしてこの人々は社会的、心理的な強制によるのではなく、農村に定住して農の営みに従事することが、自らの生き方としてもっとも望ましいものとして自ら選択する、ということを意味しています。

しかし、今の日本農業は存続自体が危ぶまれるということでは、一九三〇年代の大恐慌以来、あるいはその形成以来、最大の危機を迎えています。それほどの危地をもたらした要因のひとつは一九六一年に制定された農業基本法であり、市場的な効率性、つまり工業部門と同じような考え方を農業にあてはめてきた政策の失敗にあります。

第二次大戦後、アメリカは、日本を意のままに動く国になるよう仕向けてきました。その占領政策の基本は二つあって、一つは、戦争中に利害を超えて軍隊に協力したアメリカの自動車産業に日本の巨大なマーケットを捧げることでした。はじめのうちこそ、日本が自動車をつくれないように重化学工業をもつことを禁じられていましたが、朝鮮戦争による軍需で解禁され、積極的に推し進めたことが高度経済成長をもたらしました。

それともう一つが、余剰農産物に苦しむアメリカ農業と日本の農業がコンフリクト（競合）しないようにすることで、農業基本法によって選択的農業という流れを全面的に法制化していったのです。かつて日本人の体格が貧弱なのはパンではなく米を食べるからだとか、俗説がたくさん流布されたものですが、それも余った農産物を日本に入れようというのが目的でした。

それと並行して、農村の子どもたちを中学卒業と同時に「金の卵」と称して大量に都会へと連れ出し、工場などで朝から晩まで働かせるような政策が、広範囲で何年間にもわたってつづけられました。そのため農業基本法が制定されてから三十年ほどのあいだに、農業を選ぶ新卒者が九万人から千八百人にまで減ってしまった。このような極端な政策をこれほど大規模におこなった国は、おそらく日本をおいて他にありません。

社会的共通資本としての農業というとき、子どもたちが生まれ育った農村で立派に成長し、農の営みを続けていくことが原点になります。その農村の大事な宝物である子どもたちをいっせいに都会に連れ出し、農村をダメにしてしまったことは、とても大きな傷跡として今に残っているのです。

農業基本法制定にあたって審議会の会長をつとめた東畑精一先生が、後年、「自分が中心になってつくった農業基本法が、日本の農村と農家を徹底的に破壊してしまった。それを見通せなかった自分は今後、農政について語る資格はない」と仰っていたことは、今も私の心に重く残っています。

一九七四年に私が『自動車の社会的費用』を書いたきっかけは、一九五六年に世界銀行から日本の道路調査に派遣されたワトキンス調査団の研究助手をつとめたことでした。

調査団には、若い頃、明治維新における日本の侍たちをテーマに論文を書いた経済学者エヴァレット・ヘーゲンMIT教授もふくまれていました。私は、日本を破壊するようなプランには協力できないと一度は断ったのですが、何せまだ占領同然でしたから、結局、助手として三ヶ月間ぐらい調査を手伝うことになったのです。

アメリカの目的の一つは、朝鮮戦争のような事態に対応するために日本の機動性を高めようということで、その一つが名神高速道路、日本でもっとも最初に出来た有料高速道路でした。私はヘーゲンを説得して、建設予定地での聞き取り調査を何度もおこないました。そこに出てくるのは、足元がおぼつかないような高齢のお百姓さんだったりするのですが、日本語の通じない相手に緊張しながら、それでも必死になって中止を訴えるわけです。

それを建設省（現在の国土交通省）の担当者が高圧的に抑えこんでは、卑屈なばかりに調査団に気をつかい、いくら住民が田んぼや農村がだめになると言って訴えても、彼らは聞く耳をもたなかったのです。私は腹が立ってしかたがなく、自分で報告書を書いて提出しましたが、まったく無視されました。ワトキンス報告書は最初から結論ありきのようで、日本の道路事情は悪すぎるから、日本のために全国どこでも自動車が通れるようにすべきだ、という自動車信仰一辺倒の内容で、それをきっかけとして以後次々に高速道路網がつくられていきました。

しかし、高速道路は日本の古い町並み、田んぼや畑が広がる農村を壊し、その周辺は次第に町や農地として機能しなくなっていきます。今の農村は道路だけは真っ直ぐで立派でも、商店ひとつないゴーストタウンみたいな地域ばかりです。そして自動車を中心としたライフスタイルは、痛ましい交通事故だけでなく、排ガスによる様ざまな公害、犯罪の増加とその凶悪化までももたらしました。

臨海工業地帯に象徴される日本の高度経済成長は、経済的に豊かになる過程で陸と海の自然環境を破壊し、農村という大切な社会的共通資本に深いダメージを与えました。成長を続けるために生産性を高め、農村の生活を犠牲にしてきたことが、国としてのバランスをはなはだ欠く状況をもたらしたことが残念でなりません。

世界全体で見ても、二十世紀はじめまで世界の人口の約九〇パーセント近くが農村に暮らしていました。それが現在は約八〇パーセントが都市で生活しているといいます。

かってこれほど早いペースで都市化と工業化が進み、農村と農業が占める位置が相対的に低下しつづけた世紀はありませんでした。

その象徴的な例である日本では大きなバブルが崩壊し、リーマン・ショックがあり、経済は非常にきびしい状態におちいっています。私はそのいちばんの原因は、社会的共通資本として大切に守り、子どもたちの世代に残さなければいけない農村を粗末にしてきたことにつきると思います。日本人はあらゆる生活の営みにおいて農村をベースとして、そこに伝わる教えと生きざまを心に残してきた。それを時代遅れだとか、封建的だという見方でこわしてしまったのです。それにとって代わったのが、アメリカ発の市場原理主義的な考え方で、地球温暖化対策にもそれがはっきり現われています。

しかし、地球温暖化問題を考える上でも、中心となるのは農業なのです。もともと農業は太陽エネルギーと二酸化炭素という無限に存在する資源を使って、人類が生きていくのに必要な食料をつくってきました。植物を農作物として栽培し、動物を家畜として育成して食料を生産する作業を中心として、自然と共生しながら、もっとも効率的な結果を得ようとするものです。農業は二酸化炭素の排出を抑え、自然を大きく改変することなく営むことができるという点で、工業部門とは決定的にちがうのです。

工業労働者とちがって、農民一人ひとりが主体的に生産にかかわることができます。そして重要なのは、農業は、日本や東アジアでは協同的な営みとして歴史的につづけられてきたということです。これまでの経済学では中心的な概念にはなりませんでしたが、私が一九九〇年のローマ会議で強く主張した考え方は、大気という大事な社会的共通資本を守るために、「競争的」ではなく「協同的」に、皆が公正と思えるようなルールを採用して協力していこうということでした。

大切なことは、それぞれの国がもっている歴史と文化を社会的共通資本として大事に守り、それを子や孫たちの世代に伝えることであり、そのために私たちが力を合わせて協力し、協同して解決していくことです。そこで中心になるのが農の営みであり、いかにして農村を活性化し、そこで生きる人たちの生きざまを人間的、社会的な視点から豊かで希望あるものに変えていくのか、その実現に向かって出発するための条件を求めるときは今をおいてないと思うのです。

私と農村の思い出

ここで、私自身の農村に関わる思い出にもふれておきます。

かつて全国に二十ぐらいあった旧制高校のなかで、箱根を境にして東は一高（東京）、西は三高（京都）といわれていました。私は一高の寮に入ったことではじめて農村出身の人間と接しましたが、都会の人間がおしなべて頭はいいが、志の低い連中ばかりだったのにくらべて、農村の出身者は、自然に抱かれた生きざまが身についているというのか、みな志が高くてユーモアがあり、人間的なスケールが大きな友人ばかりでした。

特に、彼らの部屋に行くと米とお酒があるのがうれしかったこともありますが、彼らとの交友を通して、ことがらの本質を鋭く見抜く知性にふれたことで、自分の人生が大きくひらけたような感じがしたものでした。

経済学者として私は長年、開発にともなう環境破壊に向き合うべく、数多くの現場に出かけてきました。そのほとんどが農村（あるいは漁村）でしたが、そこで接する人々は例外なく魅力的な人間性を備えた、すばらしい生き方をしていました。

話は日本からとびますが、一九七六年、文化大革命の余燼《よじん》もなまなましい中国を訪れたときのことです。ある席で一人のマルクス経済学者がこんな挨拶をしました。「中国にきてはじめて、なぜ中国の社会主義が成功したかわかった。それは中国では人間の心を改造したからで、ソ連はそれに失敗している――」

会場は拍手喝采でしたが、私は強い違和感を抱きました。

それから数年後の一九八〇年代はじめ、私は中国瀋陽近郊の農村にしばらく滞在し、当時はじまったばかりの生産請負制を中心とする、農村改革の実態について調査する作業に従事していました。しかし、そのころの中国の農村のとても言葉には言いあらわせない悲惨な現実、そして共産党幹部による徹底的な搾取の実態を知って、強烈な衝撃を受けました。私は「資本主義的な搾取には市場的限界があるが、社会主義的搾取には限界がない」と題した報告書をまとめて党中央に提出しました。

当然ながら、すぐさま北京に呼び戻されて厳しい査問を受けることになり、もう日本には帰れないだろうと覚悟を決めていました。そのとき「宇沢教授の主張には一理ある」と言って、私を弁護してくれた人がいたのです。なかでも一番若く、末席に座っていた趙紫陽さんでした。

その後、総書記になってからもよく会っていましたが、あるとき中南海のご自宅に招ばれた際、それまでいくつかの五ヶ年計画がすべて失敗に終わったことを話題にされました。私が「党中央は常に誤謬《ごびゅう》を犯す、という前提に立てば、それまでの五ヶ年計画の失敗は合理的に説明できる」というと、趙紫陽さんは厳しい顔をして「政府の統計センターに入っているデータ、資料をすべて出すから、証明してほしい」といいました。

作業は思ったよりもたいへんでしたが、一九八九年七月二十一日、北京で開かれる国際シンポジウムでその成果を発表することになっていました。しかし、直前に天安門事件が起こり、国際会議どころではなくなってしまい、趙紫陽さんは失脚、亡くなるまで自宅に幽閉されてしまったのです。

その翌年の暮れ、私は、成田の空港反対同盟の三人から届けられた一通の長い手紙を手にしました。そこには、反対同盟の若い人たちが直面しているさまざまな問題と困難がつづられており、成田問題に対して社会正義にかなった解決策を見いだすために、私に協力してほしいというのでした。

そして数日後、後藤田正晴さんからもほとんど同じような要請を受けたのです。そのときの後藤田さんの言葉は、強烈なものでした。

「自民党の幹部の中に『成田の問題は国家の威信にかかわる重要な問題だ。軍隊を投入して一気に解決すべきだ』という声が高まっていて、もう防ぎきれない。危機的状況だ」「今までは運輸省から言われるので、立場上、警察を成田に投入してきたが、その結果として数多くの農民を傷つけ、地域の崩壊をもたらしてしまった。警察の威信はまさに地に堕ちた。今後、成田空港の問題を社会正義にかなうかたちで解決すべく真剣な努力をしないままでは、とても立ちいかない」

私は後藤田さんの有無を言わさぬ迫力に圧倒され、成田に入って成田空港問題の「社会正義にかなった解決の途《みち》を探る」という困難な営為に全力を尽くさざるをえなくなってしまったのです。

それから十年近くのあいだ、研究的営為はもちろん、家庭の生活まで滅茶苦茶になってしまいましたが、反対同盟の若い人たちの高い志を知り、その魅力的な生きざまに触れることができたのは、私の人生にとっては最高の収穫となりました。

空海の満濃池

もともと工学は英語でいうとcivil engineering、日本では土木工学と理解されがちですが、じつはそれより広い意味を含んでいて、社会が一つの社会として機能し、そこに住むすべての人たちが人間らしい生活ができるための工学的なストラクチャーを指しています。耳慣れない言葉だと思いますが、一例として、農業にかかわる灌漑について考えてみます。

かつての日本農業は生産性の高さでは世界的にすぐれ、少なくとも一九五〇年代から一九六〇年代はそれがあてはまっていました。それを支えてきたのは、長い年月をかけて全国でつくられてきた灌漑システムと、共同体によるすぐれた管理方法でした。

日本の灌漑システムに大きな影響を与えた空海は、日本の歴史上、最も偉大なcivil engineer（工学者）の一人でした。九世紀はじめ、空海は遣唐使とともに留学僧として中国長安に渡りました。当時の留学僧は単に仏典と仏教を勉強するばかりでなく、二十年間は唐で社会制度や工学的な知識を学んで日本へ帰り、国の発展に尽くすことが求められていましたが、空海はわずか二年で日本に戻り、「自分は二年間で学ぶべきものをすべて学びました」という、いかにも若い時分の空海らしい詫び状を朝廷に出しています。

それからしばらくして空海は、朝廷から別当職をもらって故郷の讃岐に帰り、有名な満濃池《まんのういけ》の大修復の総監督をすることになります。八世紀に造られた満濃池は、日本最大の灌漑用ため池でしたが、あまりに巨大だったので造ってすぐに壊れてしまい、使いものにならなかった。それが大修復工事をはじめた空海のもとには、彼を慕うたくさんの人たちが集まり、わずか三ヶ月で大修復工事を仕上げてしまった。これは日本古代の水利工学的な事業のなかで、一番に特筆される事業として今も語り継がれています。

空海は、満濃池を造るにあたって唐で学んだ工学的な知識をもとに、当時最新の技術を用いました。それと同時に、池の灌漑用水を利用するに際してすばらしいルールを作った。よく知られているのが線香水で、およそ三千戸もの農家が公平に水利の機会を得られるよう、線香一本が燃え尽きるまでのあいだは一つの田んぼに水を流すことにした。それだけでなく、満濃池を維持していくための修復や整備など、人びとの労力の提供についてもじつに公平なルールを残しています。

空海が長安で学んだのは、スリランカの灌漑用ため池の技術でした。スリランカは紀元前三世紀から十世紀にかけて、社会的共通資本としての世界最高の水利文明を誇った国で、その中心となったのがため池です。古代スリランカの都アヌラダプラは古代世界で最も美しい都といわれ、大小無数のため池が非常にうまく計画されていて、スリランカに降った雨水は一滴も無駄にしないで使うという理想で貫かれていました。田んぼや畑にとどまらず、家の庭までため池の水が回るようになっていて、もちろん農業生産性においては世界でいちばん優れた水準を誇っていたのです。

しかし、十六世紀にはじまったポルトガルによる侵略、そして十八世紀にはイギリスの植民地政策によって急激に姿をかえていきます。イギリスは森林を切り払い、農地をつぶして茶やゴムのプランテーションに変えてしまった。軍隊によってため池や水利施設も破壊され、川は汚れ、マラリアを媒介する蚊が繁殖するなど、自然と調和した豊かな暮らしは、たちまち世界でもっとも悲惨なところに落ち込んでしまいました。

日本による戦前の植民地支配は、朝鮮は陸軍、台湾は海軍が中心になっていたので、ひどく強圧的だった朝鮮統治に比べると、台湾では海軍らしい国際的な視点が生かされていました。植民地支配といっても、まずは農業、つまり灌漑事業を調和的発展の基礎としてすえたことが、日本の統治に感謝する台湾の人たちが多い理由の一つなのです。

もう一つ、エジプトのアスワンハイダムの建設にかかわる私自身の経験をお話しします。アメリカの大学にいた頃、思想的にも学問的にもつよい親近感をもった学生の一人にE君がいました。一九六〇年代の終わり頃、故国エジプトに帰っていたE君から突然、相談したいことがあるからカイロへ来てほしい、と連絡がありました。

ナイルをさかのぼること千キロ、発電量二百万キロワットを超えるアスワンハイダムの建設は、当時のエジプトの独裁者ナセル大統領が政治的威信をかけた大事業でした。ところが、ダムが建設されたあとになって、様ざまな問題が明らかになります。

ナイルの恵みによってもたらされていた地中海有数の漁場、そして肥沃な農地に大きなダメージを与えたこと、ナイルの洪水によってそれまでは流されていた風土病の原因となる寄生虫の卵が残ってしまうという疫学的な問題、ナイル河口の泥土の堆積が減ることで八百万人もの環境難民が出ることなど、巨大ダムがエジプトの自然、歴史、経済に壊滅的な打撃を与えることがわかったのです。

私はそこでダイナマイトでダムを撤去することを考え、彼の上司にあたる大蔵大臣を説得することになりました。しかし、アスワンハイダムはあまりにも巨大で頑丈につくられていて、どんな方法を使っても完全に撤去することができないことがわかった。逆に、ナイル川の水路を危険なものとすることがわかり、断念せざるをえませんでした。

しかし、このことが発覚したことで上司である大臣は亡命を余儀なくされ、しばらくしてE君自身もエジプトを出て消息を絶ってしまいました。

二〇一〇年春、そのE君から突然連絡があり、日本に来ているというので、彼が成田空港から出発するわずかな時間を利用して会うことができました。E君は、今はもうすべて許されて自由にカイロに帰ることができるそうですが、五千年にわたって聖なる河として崇《あが》められてきたナイルは、汚いドブ川になってしまったのです。

水の惑星、は地球の代名詞です。私たちの暮らす日本、スリランカやエジプトなどの例を見ていくと、いかに自然を大事にして、自然の恵みを十分に享受できるような制度を作らなければいけないか、社会的共通資本の原点について考えさせられます。

八 「シロウトの経済学」ゆえの仏心

石橋湛山のヒューマニズム

石橋湛山はしばしば「日本のケインズ」と呼ばれますが、私は二人には似て非なるところがあるように感じます。簡単にいうと、ケインズにはちょっと甘いところがあるが、湛山はいかなるときでも冷静に判断しているという印象がある。それでいて、自分の経済学について、こんなふうに述べています。

「私のごときは、もとより、いわゆる学者ではないから、本を読んでも、誰れが、どんな説を唱えたなどいうことは一向覚えていないし、覚えようともしなかった。ただ読んだ中から、実際に役立つと思う点を拾い出し、それを自分の書いたり、実行したりすることに応用した。シロウトの経済学は、それで良いのではないかと思う」(「シロウトの経済学」、『石橋湛山全集』第14巻)。

湛山に比べたらずいぶんスケールは小さいですが、私も経済学をはじめたのはかなり遅かったので、普通の経済学者のように学説を正確に理解しているわけではなく、その時どきの問題について考えるにあたって、様ざまな経済学者の書いたものを参考にしているので、その点、湛山には特別なアフィニティ(親近感)を感じるのです。

私が生まれたのは鳥取県米子市の近くで、その後家族と一緒に東京へ移り、府立一中(現在の都立日比谷高校)から終戦の年に旧制一高に進みました。当時の一高は全寮制でしたが、四月からみな勤労動員で農村などへ行っていましたから、家が焼けたり、動員先の工場が空襲に遭ったりした者から入寮する、そんな時代でした。

中学を卒業する頃、私の家も東京大空襲で二度やられて住むところを失い、私は米子へ戻って遠縁のお寺に預けられました。岡山・鳥取・広島三県のちょうど県境の山中にある、すばらしいお寺でした。私の家は浄土真宗で、預けられた先は曹洞宗でしたが、もともと日本のお寺はキリスト教などと違って、宗派の違いにあまりこだわらず、寛容なところがあります。

私はそのお寺で老師に付いて勉強というか、修養をはじめました。一人部屋をもらって朝から読書にふけり、夕方五時ぐらいに食事の時間になると、案外なご馳走やお酒を前に老師が様ざまな話をしてくれました。今でもよく覚えているのは、こんな言葉です。「嘘をつきなさい。ただし、みんなが救われるような嘘をつきなさい。自分の心は傷つくだろうが、それに耐えて嘘をつきなさい」

戦争が終わってからしばらくは、東京は食料事情が悪くて授業は始終休みになるので、そういうときはきまってお寺に帰っていました。ですから一九五六年にアメリカへ渡るまで、十年間ぐらいはそのお寺が私の拠りどころだったといえます。戦後のあの時代、共産党員にあらずんば人にあらず、という雰囲気で、お寺にいること自体が「反動的」と思われるので周囲には黙っていましたが、私が湛山に特別な親近感を感じるのも、それが背景にあると思います。

湛山は「自分は有髪《うはつ》の僧」という有名な言葉を残していて、お寺での修行が自分の心の原点だというようなことを書いています。長幸男《ちょうゆきお》さんは『石橋湛山の経済思想』（東洋経済新報社）のなかで、湛山の経済思想の背景には日蓮宗の影響からくる宗教的ヒューマニズムがある、と指摘していますが、私もまったく同感です。

経済は人間のために

湛山とちがって、ケインズには湛山のようなノーブルな心があまり感じられません。つまり、人間が人間らしく生きていくときに経済は非常に重要である、と考えるのがケインズだとすれば、湛山は、経済はあくまでも人間が人間らしく生きていくためのもの、という考え方です。経済より、人間のほうに明確に重きを置いているのです。

湛山とケインズは同時代の人ですが、二十世紀最高の経済学者といわれるケインズにも、一つの大きな問題があります。それは、パックス・ブリタニカの頂点から崩壊がはじまる頃に少年時代を送っていることで、しかも支配階級として経済社会を見ている。ケインズが最初に研究していたのは『確率論』（*A Treatise on Probability*）でしたが、出版されたのは一九二一年と遅かった。ですからケインズの経済に関する最初の書物は、一九一三年の『インドの通貨と金融』（*Indian Currency and Finance*）で、この有名な著書の中心テーマは、金と銀の交換比率がどう決まるかということでした。その当時、イギリス・ポンドは金本位制でインド・ルピーは銀本位制だったため、その交換比率によって、英国がインドからうけとる軍事費と年金の負担が違ってくる。内容自体はとてもブリリアントなものですが、自国の植民地支配について一切ふれていない、私はそこに大きな違和感を抱かざるを得ませんでした。

ケインズがふれなかった植民地支配について、湛山は戦前から植民地を放棄すべきだとはっきり主張しています（「一切を棄つるの覚悟」、「大日本主義の幻想」、『全集』第4巻）。帝国主義を厳しく批判し、平和的な加工貿易立国論を展開、朝鮮の独立にも理解を示し、台湾、満州も放棄すべきだと主張していた。今になって考えると、湛山の小日本主義こそ日本が歩むべき道だったと思うのです。あの時代、そうした主張を展開するのは、かなりの勇気がいったはずですが、そこがケインズと湛山の決定的な違いです。湛山が「日本のケインズ」と呼ばれることに抵抗を覚えるのは、それゆえなのです。

一九三〇年にケインズが刊行した『貨幣論』（*A Treatise on Money*）はよく知られて

います。しかし、イギリスでは一九二〇年代半ばから不況による倒産や失業が深刻になり、大恐慌の前触れがはじまっていた。にもかかわらずこの本は、完全雇用、プライス・メカニズムがパーフェクトだという前提で議論を進めている。一方、湛山は失業をたいへん憂えていて、とりわけ大恐慌のときは農村の疲弊を憂え、農業は新しい時代の支えになるのだという論文も書いています（「新農業政策の提唱」、『全集』第5巻）。

つまり、湛山には「仏の心」があったが、ケインズは支配者側の心のままであったということです。新古典派そのままの理論で出された『貨幣論』について、ジョーン・ロビンソンが、すでに大恐慌がはじまっているというのに完全雇用でプライス・メカニズムはパーフェクトとはどういうことか、と批判しました。

ロビンソンはたいへんに鋭い人で、私自身も批判されたことがありますが、このときはケインズを厳しく批判しました。そこにリチャード・カーンも加わり、大恐慌の状況を理論的に説明できる経済体系を考えようということになり、「Keynes' Circus（ケインズ・サーカス）」という研究グループがスタートしました。

当時のケインズはフルタイムの大蔵省顧問でロンドンに住んでいましたから、週末にケンブリッジに戻り、カーンから「一週間、どういうことをしたか」を聞きとり、次の問題をサジェストする。ジェームズ・ミード（六七頁参照）はケインズの死後、追悼の集まりでこう述べています。

「ケインズは神で、リチャード・カーンは大天使。神はいつでも雲の上にいて、一週間に一度しか大天使は会えなかった」

「ケインズ・サーカス」はカーンを中心として、ロビンソン、ミード、アバ・ラーナーらが一緒になって続けられ、そこで「流動性選好」や「消費性向」など『一般理論』の基礎となる様ざまな概念がつくられました。その研究が大詰めを迎えたとき、ケインズは研究成果を短期間で本にまとめあげた。それが一九三六年の『雇用、利子、および貨幣の一般理論』（*The General Theory of Employment, Interest, and Money*）でした。

だいぶ前に「ケインズ展」を見たとき、ケインズの速記が巧みなことに驚きました。昔の学者は総じて速記ができ、ペンマンシップ（正式な書法・筆跡）も大切だった。『貨幣論』などが最初から最後まできれいな文字で丁寧に書かれているのに対して、『一般理論』だけが新聞記者が使うようなざら紙に書きなぐられていたのは、急いで仕上げなければいけない事情があったからでした。つまり、『一般理論』にはかなり粗雑なところがあったため、もともとケインズ・サーカスが考えていたことは何だろうか、というのが大きな問題として残った。ポスト・ケインジアンはそこから出発するわけです。

富を求めるのは道を聞くため

ジョン・デューイについてはすでにお話ししましたが、じつは湛山もまたジョン・デューイの影響を色濃く受けているのです。

「古い先生の思い出を語る場合、どうしても省くことのできないのは、田中王堂氏である。私は、先生によって、初めて人生を見る目を開かれた。（中略）もし今日の私の物の考え方に、なにがしかの特徴があるとすれば、主としてそれは王堂哲学の賜物であるといって過言ではない」と書いています（「湛山回想」、『全集』第15巻）。

早稲田大学で教えていた田中王堂は、日本におけるデューイの最高権威で、当時の学界で支配的だったドイツ観念論、形而上的哲学とはまったく異質のプラグマティズム哲学を日本に紹介し、自らもその展開と深化に大きな貢献をした哲学者でした。

形而上的な哲学思想ばかりが流行していた時代のプラグマティズムというのは、いまでいう「リベラリズム」にあたるのではないでしょうか。人間としての尊厳を守り、魂の自立をはかり、市民的権利を十分に享受できる制度をもとめて、学問的な仕事はもちろん、社会的、政治的な運動にも努力しようという意味においてはまさにリベラリズムの考えだと私は思います。

一九三六年に刊行された『自由主義とは何か』という本があります。もとは前年におこなわれた東洋経済新報の座談会ですが、その一九三六年二月には二・二六事件があり、日独防共協定が締結され、スペインとフランスでは人民戦線内閣が成立し、翌年には日中戦争に突入しています。

日本国内では矢内原忠雄、河合栄治郎などリベラリズムの理念に忠実に生きようとする人びとの多くが、軍国主義的ファシズムの犠牲になって苦しんでいた時代です。座談会では、編集主幹をしていた石橋湛山の司会で、清沢洌《きよし》、石井満、長谷川如是閑、蠟山《ろうやま》政道らが話をしています。いずれも戦前、戦中、戦後を通じてリベラリズムの理念と生きざまをつらぬいた日本の良心を象徴する人びとですが、「自由主義」という言葉が、発言者によって様ざまに理解されているのが印象的でした。

湛山には、私が長年探究してきたヴェブレンと共通する考え方があります。ヴェブレンは、代表的な著作『営利企業の理論』（*The Theory of Business Enterprise*, 1904）のなかで、アントレプレナー（企業家）というのはいろんな生産要素を集めて労働者を雇い、儲けるために企業を興すというのではない、ビジネス・エンタープライズは一つの有機的な組織で、経営者と働く人たちから構成されており、かつ相互に相手の地位を保ちながら存在する一つの実体的な組織である、としています。

新古典派のマーシャル式のように、企業は利潤が最大になるように生産要素を組み合わせ、それが絶えず変わる、というものではなく、もっと実体的な組織であるというのです。さらに、労働者は単にはたらいて賃金をもらうという雇用関係にあるのではなく、一人ひとりの生活、生きざまがかかっている、そういう組織が企業であるといいます。つまり、市場の条件が変わったからといって簡単にクビにすることはできないし、この問題をどう調整するかが重要なのだ、というのがヴェブレンの主張したことです。

ヴェブレンは、生産手段の固定化、金融市場の投機化、産業と営利の乖離が経済の不安定化を高めると、非自発的失業の大量発生、金融バブルの生成と崩壊、そして不均衡状態の長期化が不可避であると分析します。その場合は、政府が何かしないかぎり、完全雇用あるいは安定した経済的営みを持続することはできないと強調します。

場合によっては砂漠に穴を掘ってまた埋めるような、そういうことをしてもいい——中世では大きな伽藍《がらん》、つまりお寺を建てたりして、そこで労働者が働くことで経済がうまくいくこともあったというのです。

ケインズの『一般理論』をよく読んでみると、ヴェブレンの考えをそのまま使っているようなところがあります。金融制度というものは経済的な生活が円滑にいくために存在しているのであって、そこで売り買いをして儲けるためではない、というのがヴェブレンの最も重要な考え方です。また企業は永続的なもので、皆がそこで仕事を持ち生活していくための基礎になっているのだから、儲けばかりをもとめて簡単に売ったり買ったりしてはいけない、ということです。ケインズ・サーカスでリチャード・カーンなどがいちばん強調していたのは実はその点で、それをうまく表現したのがケインズの『一般理論』だといえます。

私は、医学部志望から悩みに悩んだ挙句、行くところがなくなって数学科へ進みましたが、浮浪者と孤児であふれた荒廃した世のなかで数学研究とは、どこか貴族趣味のように思えて、またしても悩みを抱えこみました。そんなとき読んだのがジョン・ラスキンという人の本で、タイトルも忘れてしまいましたが、アダム・スミスの『国富論』にはじまる古典派経済学のエッセンスを凝縮したものでした。ラスキンは最初画家を志し、大してものにならなくて美術評論家に転じ、それもぱっとしなくて経済学者になったという少々変わったキャリアの人ですが、『国富論』を見事にまとめていました。

その中にあった“There is no wealth, but life”という言葉を、お寺で修養していた私は「富を求めるのは、道を聞くためである」と訳し、経済学を学ぶときの基本姿勢として、これまでずっと大事にしてきました。河上肇の『貧乏物語』(一九一六年)にも引用されているこの言葉が、経済学者として生涯を生きる出発点でした。

湛山の著作は、経済のメカニズムに対して冷静に分析しながら、常に失業者やしいたげられた人びとに対する温かい目があります。それらを読んでいると、私の社会的共通資本という概念は、湛山の心を私なりに一つの経済学のコンセプトに徹底してきたのではないかとさえ思うことがあります。私の深読みかもしれませんが、湛山が自分のことを「有髪の僧」と称する原点には、やはり仏の心がある。私自身はだいぶ堕落してしまいましたが、自分にもまだ仏の心が残っていればいいが、そう願っているのです。

本書の成り立ちについて

著者の宇沢弘文氏は、二〇一四年九月に他界されました。編集部では二〇〇九年、リーマン・ショック後の社会状況をふまえ、氏に『人間の経済』の刊行を依頼。翌年にかけて行ったインタビューや、近年の講演録等（巻末を参照）をもとに原稿をまとめました。内容・構成については了解され、刊行に向けて作業を進めていましたが、二〇一一年三月に体調を崩されたため、著者として細部にわたる校正作業は行われませんでした。

本書には、この六年余の経済状況の変化については言及がありませんが、社会的共通資本という考え方とその役割は、現代社会において今なお重要であると考え、刊行することにしました。ご協力をいただいたご遺族をはじめ、関係者の皆様にあらためて御礼申し上げます。

「新潮新書」編集部

講演テキストその他出典・主要参考文献一覧（順不同）

【講演】（演題／主催／年月日）

社会的共通資本と地球温暖化／財団法人旭硝子財団／第一八回ブループラネット賞受賞者記念講演／二〇〇九年一〇月一九日

社会的共通資本としての医療／日本医師会「日医総研創立一〇周年記念シンポジウム」／二〇〇七年五月三一日

社会的共通資本としての医療／日本医師会／二〇一〇年二月五日

社会的共通資本としての数学／西田幾多郎記念哲学館／二〇一〇年六月六日

社会的共通資本と学校教育／東北公益文科大学一〇周年記念講演／二〇一〇年六月三日

社会的共通資本と生物多様性／「伊勢湾　森と海の未来」シンポジウム基調講演／二〇一〇年三月六日

サスティナブル社会における経済と人間生活のあり方／知恵と文化の京都環境フォーラム〜低炭素社会づくりに生かす京の知恵／二〇〇九年二月一四日

社会的共通資本と市場原理主義／『経済倶楽部講演録』二〇〇九年三月号、東洋経済新報社

平成大恐慌―パックス・アメリカーナの崩壊の始まりか／同右、二〇一〇年二月号

「宇沢弘文と語る：経済学から地球環境、日米安保・沖縄まで」／東京外国語大学グローバルスタディーズ・ラボラトリー（GSL）／二〇一〇年一〇月一六日

【インタビューその他】

「有髪の僧」石橋湛山へのアフィニティー——ケインズとの違い、デューイ・王堂由来のリベラリズム／『自由思想』二〇一〇年三月・第一一七号、財団法人石橋湛山記念財団

宇沢弘文式学校づくり／『公研』二〇〇八年一二月号、公益産業研究調査会

社会的共通資本としての自然環境／『会誌　ACADEMIA』一二〇号／社団法人全国日本学士会

社会的共通資本としての農の営み／『JA教育文化』二〇一〇年一〇月号／社団法人家の光協会

同右（要旨）／『日本農業新聞』二〇一〇年八月一〇日

同右（農は求められる協同の中心）／『日本農民新聞』二〇一〇年八月一五日

「私の収穫」全八回／『朝日新聞』夕刊、二〇一〇年五月

【主要参考文献】

『始まっている未来』宇沢弘文、内橋克人、岩波書店、二〇〇九年

『経済学と人間の心』宇沢弘文、東洋経済新報社、二〇〇三年

『社会的共通資本』宇沢弘文、岩波新書、二〇〇〇年

『日本の教育を考える』宇沢弘文、岩波新書、一九九八年

『好きになる数学入門』宇沢弘文、岩波書店、一九九八—二〇〇一年

『地球温暖化を考える』宇沢弘文、岩波新書、一九九五年
『宇沢弘文著作集』岩波書店、一九九四—九五年

宇沢弘文　1928（昭和3）年鳥取県生まれ。経済学者。専門は数理経済学。シカゴ大学や東京大学経済学部で教鞭をとる。1997年に文化勲章。主な著書に『社会的共通資本』『宇沢弘文著作集』など。2014年没。

Ⓢ新潮新書

713

人間《にんげん》の経済《けいざい》

著　者　宇沢弘文《うざわひろふみ》

2017年4月20日　発行
2021年7月10日　6刷

発行者　佐　藤　隆　信

発行所　株式会社新潮社

〒162-8711　東京都新宿区矢来町71番地
編集部(03)3266-5430　読者係(03)3266-5111
http://www.shinchosha.co.jp

印刷所　錦明印刷株式会社

製本所　錦明印刷株式会社

ISBN978-4-10-610713-9　C0233